KB195043

역사 속 걸출한 믿음의 영웅인 다니엘의 삶과 지혜와 순전한 용기를 돌아보는 현대의 걸출한 복음 전도자 알리스테어 벡. 실로 이상적인 조합이다. 이런 사람들의 삶을 관통하는 공통적인 특징은 바로 용기다. 이 책은 바로 이 용기를 명료함과 은혜로 적나라하게 풀어헤친다. 우리 시대에 꼭 필요한 메시지다. 나이와 인생의 단계를 막론하고 모든 그리스도인에게 도전과 용기를 준다. 참으로 이 시대를 위한 책이다!

- 싱클레어 B. 퍼거슨

리폼드신학교(Reformed Theological Seminary) 조직신학 교수

알리스테어 벡은 다니엘서 1-7장을 펴서 국가적인 죄와 불의라는 맹렬한 풀무불의 한복판에서 신자들에게 훌륭한 그리스도인으로서의 삶을 살라고 격려한다. 그렇다면 그렇게 살기 위한 비결은 무엇일까? 주권자 하나님을 신뢰하고 그분께 순종하는 것이다. 세상은 하나님의 자녀를 사자 굴로 보내도 "오직 자기의 하나님을 아는 백성은 강하여 용맹을 떨치리라"(단 11:32). 오늘을 살 뿐 아니라 내일을 준비하는 데 도움이 되는 시의적절한 책이다.

- 조엘 R. 비키

퓨리탄리폼드신학교(Puritan Reformed Theological Seminary) 총장

참으로 시의적절한 책이다. 알리스테어 벡은 다니엘에 관한 옛 성경 이야기를 아름답게 그려 내, 현대 독자들에게 이 암담한 시대에서 잘 살아가기 위한 만고불변의 진리와 용기를 선사한다. 또한 그는 우리의 이야기가 어떻게 끝날지를 다시 기억하게 해 준다.

- 엘런 본

Becoming Elisabeth Elliot (엘리자베스 엘리엇 되기) 저자

알리스테어 벡은 특유의 명료함과 따뜻함으로, 하나님의 백성들이 시련의 시기에 오해받는 소수 그룹으로서 어떻게 용감한 선택을 할 수 있는지 이 책에 잘 담아냈다. 다니엘과 그의 친구들이 그랬던 것처럼, 우리 또한 변함없고 강하신 주권자 하나님이 보좌에 앉아 계시며 현재와 미래가 다 그분의 손안에 있음을 명확하게 이해해야 한다. 이 책은 하나님의 주권을 인정하고, 그분 앞에 겸손하며, 믿음으로 그분께 순종하면, 이 세상에서 우리 주 예수 그리스도의 영원한 나라의 시민으로서 올바르게 선택하고 반응할 수 있음을 잘 보여 준다. 부활하신 주님이 세상을 이기셨기 때문에 우리는 용기를 얻고 용감하게 살아갈 수 있다.

- 조나단 프라임

FIEC(Fellowship of Independent Evangelical Churches) 영국 부대표

알리스테어 벡은 오늘날 미국에서 가장 뚜렷한 기독교의 목소리가 아닐까 싶다. 이 책에서 그는 다니엘서를 통해 미국을 비롯한 서구 그리스도인들을 깨워, 우리가 자국에서도 '포로'라는 현실을 깨닫게 하고 그런 배경 속에서 어떻게 살아야 할지를 보여 준다. 이 책은 충격 그 자체다. 하지만 무뚝뚝한 어조 안에 소망이 가득하다. 벡 목사는 진리와 하나님을 믿는 믿음이라는 영약(elixir)을 제시한다. 지금은 중대한 고민을 품고 있는 진지한 사람들이 이 시대를 향해 믿을 만하고도 용감한 목소리를 내야 할 때다. 바로 알리스테어 벡이 그 일을 하고 있다.

- 휴 휴이트

라디오 토크쇼 진행자, 리처드닉슨재단 대표

오늘날 그리스도인들의 삶에서 빠진 무언가, 잘 보이지 않는 무언가가 있다면 바로 용기다. 용기의 특징은 소망을 붙잡는다는 것이다. 알리스테어 벡은 소망과 용기라는 놀라운 본을 보여 준 구약 시대 인물의 이야기로 우리를 안내한다. 바로 다니엘 선지자다. 이교도 세상에서 생명의 위협을 받던 이 젊은 선지자와 그 친구들을 새롭게 볼 때 우리도 새로운 힘과 용기를 얻을 수 있을 것이다.

- 존 맥아더

그레이스커뮤니티교회(Grace Community Church) 목사

모두가 들어야 하지만 모두가 말하기를 두려워하는 성경의 진리를 서슴없이 말하고 쓰는 알리스테어 벡의 용기와 확신을 항상 흠모해 왔다. 같은 이유로 이 책은 이 시대의 사정과 요구에 꼭 알맞는 메시지를 담은 책이다. 경이롭다!

- 데이비드 나세르

리버티대학(Liberty University) 수석 부총장

탁월한 책이다. 알리스테어 벡은 성경 본문을 아름답게 다루어 오늘날의 문화에서 우리가 마주한 특정한 난관들에 날카롭게 적용한다. 이 책과 함께 다니엘서 1-7장을 정독하면서 주 예수 그리스도를 향한 내 믿음이 새로워지고 강해졌다. 몇 번을 거듭 추천해도 지나치지 않은 책이다.

- 게리 밀러

호주 퀸즐랜드신학칼리지(Queensland Theological College) 총장

Brave by Faith
© Alistair Begg, 2021

Originally Published in English by The Good Book Company, Epsom, Surrey, UK
www.thegoodbook.co.uk
All rights reserved.

Korean translation edition © 2022 by Duranno Ministry, Seoul, Republic of Korea
This Korean edition published by arrangement with The Good Book Company.

이런 세상에서 어떻게 믿음을 지킬까

지은이 | 알리스테어 벡
옮긴이 | 정성묵
초판 발행 | 2022. 1. 12
등록번호 | 제1988-000080호
등록된 곳 | 서울시 용산구 서빙고로65길 38
발행처 | 사단법인 두란노서원
영업부 2078-3333 FAX | 080-749-3705
출판부 2078-3332

책값은 뒤표지에 있습니다.
ISBN 978-89-531-4125-4 03230

독자의 의견을 기다립니다.
tpress@duranno.com www.duranno.com

두란노서원은 바울 사도가 3차 전도 여행 때 에베소에서 성령 받은 제자들을 따로 세워 하나님의 말씀으로 양육하던 장소입니다. 사도행전 19장 8-20절의 정신에 따라 첫째 목회자를 돕는 사역과 평신도를 훈련시키는 사역, 둘째 세계선교™와 문서선교 단행본·잡지 사역, 셋째 예수문화 및 경배와 찬양 사역, 그리고 가정·상담 사역 등을 감당하고 있습니다. 1980년 12월 22일에 창립된 두란노서원은 주님 오실 때까지 이 사역들을 계속할 것입니다.

바 벨 론 세 상,
믿음의 분투

이런 세상에서
어떻게
믿음을 지킬까

알리스테어 벡 지음
정성묵 옮김

두란노

용감하고 충성스러운 복음의 동역자
제프 밀스에게
이 책을 바친다.

바람의
방향이
바뀌었다

이 사람들은 다 믿음을 따라 죽었으며 ……
땅에서는 외국인과 나그네임을 증언하였으니(히
11:3).

거류민과 나그네 같은 너희를 권하노니(벧전 2:11).

오래전부터 이런 구절을 읽을 때마다 궁금했다.
"이 세상에서 외국인, 거류민(남의 나라 영토에 머물러 사
는 사람-편집자), 나그네로 산다는 건 어떤 걸까?"
이제 우리 모두는 그런 삶을 안다.
나는 스코틀랜드에서 태어나 그곳에서 31년을 살

왔고, 그곳을 떠난 뒤 지금까지 38년 동안은 죽 미국에서 살았다. 그런데 최근, 미국에 살면서 처음으로 하나님의 백성들의 심적 상태가 크게 변했음을 느꼈다. 막연히 종교적인 관심이 있는 사람들이 느끼는 바가 변했다는 뜻이 아니다. 단순히 교회에 출석하는 사람들이 느끼는 바가 변했다는 말도 아니다. 구주 예수 그리스도를 섬기고 성경 말씀에 순종하기로 결단한 사람들이 느끼는 바가 변했다.

예수를 구주요 주로 믿고 따르는 우리가 더는 다수가 아닌 현실, 우리의 관점이 더 이상 용인되지 않는 현실, 심지어 우리의 관점을 표현하는 것조차 허용하지 말아야 한다는 목소리가 높아지는 현실……. 이 현실 앞에서 우리 대부분은 어찌할 바를 몰라 발만 동동 구르고 있다.

그렇다. 바람의 방향이 바뀌었다. 당신이 영국이나 호주에서 이 글을 읽고 있다면 바람의 방향이 진작 바뀌었음을 알 것이다. 그곳에서는 바람의 방향이 바뀐 지 이미 10년은 지났다. 미국에서는 지난 5년 사이 바람의 방향이 바뀌었다. 이제 바람은 성경을 믿는 그리스도인들의 등 뒤에서 불어오는 순풍이 아니다. 이제 바람은 세속주의의 뒤를 세차게 밀어 주는 듯하다.

나는 문화 분석가가 아니다. 그리고 이 현상을 과장하고 싶지 않다. 그렇다고 이 현상을 과소평가하고 싶지도 않다. 나는 미국 전역을 수시로 돌아다니고, 영국에도 자주 간다. 그럴 때마다 느끼는 것은 미국의 '도덕적 다수'가 많은 성취를 자랑하던 옛 시절은 이미 끝났다는 것이다. 영국이나 미국이 '기독교 국가'라는 말은 다 옛말이다.

팀 켈러가 이 상황을 정확히 짚어 냈다.

> 우리는 그리스도인이 된다고 해도 사회적으로
> 아무런 유익이 없는 새로운 시대에 접어들었다.
> 유익은커녕 오히려 대가가 따른다. 많은 곳의
> 문화가 점점 신앙에 대해 적대적으로 변해 간다.
> 점점 더 많은 국가에서 하나님, 진리, 죄, 내세에
> 관한 개념이 사라지고 있다. 이제 사람들에게
> 기독교는 불쾌할 뿐 아니라 이해할 수 없는 것이

되어 가고 있다.*

이제 하나님의 백성들은 시편에 기록된 말씀처럼 우리가 밀쳐 넘어뜨림을 당하고 있다는 사실을 실감하고 있다. 우리는 금방이라도 넘어질 것 같은 위기감을 느낀다(시 118:13-14). 세속주의와 현대의 이교 사상이 기독교를 거세게 밀어붙이고 있다.

오늘날 미국의 그리스도인은 이전과는 전혀 다른 시각으로 대서양 너머를 바라본다. 내가 아는 미국인 몇몇은 영국을 방문하고 돌아와 과거와 현대가 아름답게 공존하는 멋진 곳이라고 치켜세우면서 그런데 왜 그곳에 있는 수많은 교회들이 텅텅 비어 있느냐고 내게 물었다. 하지만 이제는 그런 일이 미국에서 일어나고 있다.

미국의 그리스도인들은 지금 미국 상황이 유럽을 많이 닮아 있다는 사실을 인식하기 시작했다. 예

---

* https://www.thegospelcoalition.org/article/how-to-reach-the-west-again/

전에 우리는 핍박받는 교회라는 개념을 이론적으로만 이해하고, 머나먼 곳의 핍박받는 교회들을 위해서 기도했다. 하지만 그런 상황이 우리에게 훨씬 더 가까이 다가왔음이 느껴지기 시작했다. 우리가 찬송으로만 부르던 상황이 현실에 닥친 것이다.

어릴 적에 나는 이런 찬송을 부르면서도 정작 그 내용을 전혀 피부로 느끼지 못했다.

죄 많은 이 세상은 내 집 아니네.
내 모든 보화는 저 하늘에 있네.

지금껏 미국의 기독교인들에게 이 세상은 집처럼 아늑하게 느껴졌고, 우리의 보화는 바로 눈앞에 있었다. 그러다 이제야 비로소 우리는 우리가 사는 이 망가지고 죄 많은 세상이 우리의 집이 아니라는 사실을 깨닫기 시작했다. 이 세상에서 살아가는 신자들에 관해 기록한 성경 말씀처럼 우리가 나그네요 외국인이라는 사실이 점점 더 선명히 와닿는다.

사실 우리는 언제나 이 세상에 대해 나그네요 외

국인이었다. 단지 대다수 서구 국가에서 교회가 막대한 규모로 막대한 영향력을 발휘하고 확실한 법적 보호를 받다 보니 이 사실을 망각해 왔을 뿐이다. 하지만 이 세상은 우리의 집이 아니다. 우리는 이 세상에 영원히 눌러앉아서는 안 된다. 세상 사람들처럼 이생이 전부이자 궁극적인 것인 양 굴지 말아야 한다. 이생에서 부귀영화를 누리며 편안하게 살다가 영원한 천국에 가면 그런 것을 더 많이 누릴 것이라 생각해서는 곤란하다.

세속주의는 성(性) 윤리, 구원, 교육, 국가의 적절한 역할, 공공복지에 관한 성경의 가르침을 계속해서 밀어내고 있다. 여론은 기독교에 등을 돌렸다.

영국의 칼럼니스트이자 사회 평론가 멜라니 필립스는 우리가 다음과 같은 문화 속에서 살고 있다고 진단한다.

종교적 기적이나 하나님의 존재와 같은 주장을
받아들이지 않는다. 이런 주장은 신화와
편협이 가득했던 지나간 원시 시대의 미신으로

취급받는다.[*]

미신적인 편협! 점점 세속화하는 국가에서 갑자기 우리는 소수 집단이 되었다. 이제 우리는 외지인으로 사는 것이 어떤 느낌인지 똑똑히 경험하고 있다. 이런 상황에서는 당황하거나 분노하거나 방어적으로 굴거나 패배감에 빠져들기 쉽다.

그렇다면 그리스도인들이 믿는 것, 말하는 것, 사는 모양새에 부정적 눈초리를 보내며 질색하는 이 사회 속에서 우리는 그리스도인으로서 어떻게 살아야 할까? 이 뉴노멀(new normal; 시대 변화에 따라 새롭게 떠오르는 기준 또는 표준-편집자) 속에서 우리는 어떻게 살아야 할까?

그것을 알기 위해 다니엘 이야기로 들어가 보자.

---

[*] Melanie Phillips, *The World Turned Upside Down* (Encounter Books, 2011), p. 2.

다니엘과 친구들은 약속의 땅 유다에서 자랐다. 그런데 어느 날 자신들이 알아 왔던 사회에서 멀리 떨어진 도시로 끌려갔다. 그 도시는 그들의 신앙이나 삶을 알지 못하고 거기에 관심도 없고 그것들을 그다지 중요하게 여기지도 않는 곳이었다. 다니엘은 대략 10대 말 혹은 20대 초부터 80대 혹은 90대까지 바벨론에서 살았다. 십중팔구 그곳에서 생을 마감했을 것이다.

분명 이 포로들은 자신들을 옭아매는 권력을 두려워하며 수많은 의문을 품었을 것이다. '하나님은 도대체 무얼 하고 계시는 걸까? 이런 상황에서 하나님의 말씀에 순종할 수 있을까? 아니, 순종해야 할까?'

따라서 다니엘서에 담긴 메시지는 지금 우리 세대에게 꼭 필요한 메시지다. 그것은 다니엘서가 우리의 지위가 땅에 떨어진 이 상황을 다루거나 반전시키기 위한 전략을 제시하기 때문이 아니다. 다니엘이 위대한 사람이고 우리가 그의 본을 따라 그와 같은 삶을 살아야 하기 때문도 아니다. 물론 성경 각 장에서 만나는 믿음의 사람들을 본받으려 노력하는 것은 좋다. 하지만 다니엘처럼 살라고 말하는 것이 이 책의 목적은 아니다.

나는 '다니엘의 하나님'을 믿으라고 도전하고 촉구하기 위해 이 책을 썼다. BC 6세기 바벨론 유수 당시의 하나님이 2,500년 후인 지금도 전혀 변하시지 않았다는 사실을 깨달을 때 비로소 우리는 지금 우리 앞에 닥친 상황을 헤쳐 나갈 수 있다.

다니엘서 1장부터 7장에 걸쳐 묘사된 파란만장한 이야기를 읽다 보면 다니엘, 하나냐, 미사엘, 아사랴, 느부갓네살, 벨사살, 다리오(그리고 물론 사자들)를 비롯한 주인공들과 반주인공(anti-hero)들을 만날 수 있다. 하지만 이들 가운데 누구도 다니엘서 1-7장의 진짜 주인공은 아니다.

언제나 하나님이 이야기의 주인공이시다. 우리는 다니엘서가 전하는 진짜 메시지를 발견해야 한다. 다니엘서의 진짜 메시지는 그 안에서 자신을 드러내신 하나님을 향한 믿음을 회복하는 것이다.

따라서 이 책은 다니엘 혹은 그 어떤 사람에 관한 책이 아닌 하나님에 관한 책이다. 이 책 전체를 관통하는 중심 메시지는 아주 단순하다. 하나님은 강하시며, 하나님이 주권자라는 것이다. 세상이 하나님의 백성을 이기는 것처럼 보이는 상황에서도 우리는 하나님을 전적으로 믿을 수 있다. 교회에 불리한 쪽으로 전세가 기운 듯 보이지만 여전히 하나님이 온전히 다스리고 계신다.

이 책의 각 장은 이 중심 메시지의 골격에 각기 다른 살을 붙인 것일 뿐이다. 포로들은 이 위대한 진리를 다시 기억하고 굳게 부여잡기 위해서 한 권의 책이 통째로 필요했다. 오늘날 우리도 마찬가지다.

자, 그리스도인으로 우리가 어떻게 이 문화 속에서 용기와 소망을 잃지 않을 수 있을까? 아니, 계속해서 그리스도인으로 사는 것이 가치가 있기나 한가? 다니엘이 알았던 하나님을 바라보면 왜 그분의 백성으로 살아야 하며, 어떻게 그렇게 살 수 있는지를 알게 될 것이다. 분노하거나 고개를 푹 숙이고 있거나 후퇴하거나 완전히 포기하는 것보다 더 나은 길이 있다는 사실을 알게 되리라.

지금부터 우리를 향해 역풍이 거세게 불어올 때 어떻게 굳게 서서 용감하게 살 수 있는지 함께 살펴 보자.

1

어느 하나
호락호락하지 않은
바벨론 세상에서

\# 최후의 방어선 싸움

위기의 순간에 놓이면 우리에 관한 많은 진실이 드러난다. 다니엘서는 국가적인 위기인 동시에 개인적인 위기로 시작된다. 당시는 "유다 왕 여호야김이 다스린 지 삼 년이 되는 해"였다(단 1:1). 하나님의 백성인 유다 사람들은 그분이 약속해 주신 땅 유다에서 살았다. 그런데 어느 날 침략을 당했다. "바벨론 왕 느부갓네살이 예루살렘에 이르러 성을 에워쌌더니"(단 1:1).

바벨론은 그 지역에서 가장 강한 제국이었다. 이 거대한 제국이 이 작은 왕국을 공격해 왔지만 어떤 면에서는 딱히 공포에 떨 이유가 없었다. 생각해 보라. 하나님의 백성은 그전에도 수없이 공격과 침입과 포위를 당했다. 극심한 재난도 이미 여러 차례 겪었다. 하지만 그때마다 하나님은 그들을 보호하셨고 끝내는 승리를 거두게 하지 않으셨던가.

그런데 그 하나님이 이번에는, 그들이 계속해서 그분을 거들떠보지 않고 그분의 법을 지키겠다고 말로만 떠들면 어떤 결과가 따를지 선지자들을 통해 경고하셨다.

마침내 재난이 임했다. "주께서 유다 왕 여호야김과 하나님의 전 그릇 얼마를 그(느부갓네살)의 손에 넘기시매"(단 1:2). 왕과 수많은 백성이 바벨론에 포로로 끌려가고, 하나님의 집 곧 하나님이 그분의 백성 가운데 거하심을 상징하던 성전이 파괴되었다. 바벨론 왕은 성전의 기물들을 시날 땅에 있는 자기가 섬기는 신들의 신전으로 가져가 그 신들의 보물 창고에 두었다(단 1:2).

아담과 하와가 에덴동산에서 쫓겨난 이래 하나님 백성이 겪은 가장 큰 역사적 위기였다. 어느 모로 보나 바벨론의 신들이 성경의 하나님, 곧 아브라함과 이삭과 야곱의 하나님보다 강해 보였다. 아브라함과 이삭과 야곱의 하나님이 자신의 백성을 보호할 만큼 강하다면 어떻게 바벨론 군대가 함부로 쳐들어와 그 백성의 땅을 마음대로 유린할 수 있었겠는가! 불평을 토로하는 백성이 생길 수밖에 없었다.

"이 상황에서 하나님은 어디 계신가?"

필시 유다 사람들은 자신들의 불순종은 까마득히 잊어버렸을 것이다. 선지자들이 했던 경고와 예언은 다 잊어버린 채 분통을 터뜨렸을 것이다.

> "지금까지 하나님을 따른 것이 정녕 다 헛수고였단 말인가?"

자식이 밧줄에 꽁꽁 묶여서 "시날 땅"(단 1:2-3) 바벨론으로 끌려가는 참담한 광경을 보며 부모들의 머릿속에는 이런 질문이 맴돌았을 것이 분명하다. '이 아이들이 이렇게 끌려가는 꼴을 보자고 지금까지 애써 믿음으로 키운 것이 아냐! 우리 아이들은 바벨론이 아닌 유다에서 살아야 해. 아이들이 그곳에 가면 어떻게 될까? 하나님이 선하시다면 왜 우리 아이들이 그런 곳에서 자라게 놔두시는 거지?'

이들은 성경을 알기에 더 암담할 수밖에 없었다. 시날 땅에 있는 바벨론은 창세기 11장에서 바벨탑이 건설된 장소였다. 바로 인류가 힘을 합쳐 인류를 향한 하나님의 목적에 반기를 들었던 곳이다. "이 세상을 누가 운영하는지 신에게 똑똑히 보여 주겠다. 우리 스스로 하늘 끝까지 닿는 탑을 쌓고 나서 무엇을 할지 우리 스스로 결정할 것이다." 바벨탑은 그런 의미였다. 그런데 유다의 젊은이들이 그런 곳으로 끌려가고 있었다. 그들이 그곳에서 믿음을 지키기는커녕 살아남을 수나 있을까?

기우일 뿐이라고 말할지 모르겠지만, 몇 세대 뒤, 아마도 그리 멀지 않은 미래에 이 땅의 그리스도인들도 비슷한 말을 하게 될지 모르겠다. 심지어 지금 이 순간에도 자신이나 자녀들이 처한 상황 때문에 비슷한 질문을 던지는 그리스도인들이 있을지 모른다. '하나님은 무얼 하고 계시는 걸까? 왜 우리가 이런 곳, 이런 사회에서 살면서 자녀를 키워야 하지? 하나님이 선하시다면 왜 우리 땅이 이렇게 무너지도록 놔두시는 거지?'

다니엘서는 하나님을 부인하고 거부하는 제국의 한복판에서 그분의 백성에게 일어난 일을 기록한 책이다. 네 사람이 겪은 특별한 이야기를 통해 전해지는 포로들의 이야기다. 우리 사회가 다니엘이 살던 그 시기와 같은 방향으로 가고 있다고 느끼는가? 우리 사회가 예루살렘보다 바벨론에 더 가까워 보이고, 상황이 점점 더 심각해지고 있다고 생각하는가? 그렇다면 그런 세상에서 우리가 믿음과 용기로 살 수 있는 길을 이 이야기가 보여 줄 것이다.

치밀한 세계관 전쟁

느부갓네살왕은 제국을 운영하는 법을 알았다. 그는 한 신하에게 유다 사람 가운데 최고 인재들을 자신의 왕궁으로 데려와 개조시킬 것을 명했다. 그들이 패배한 옛 이스라엘의 세계관을 완전히 버리고 바벨론의 훌륭한 시민이요 종복이 되도록 만들었다.

이면의 논리는 이러했다. "저들을 끌고 와서 이름을 바꾸고 우리의 탁월한 프로그램을 통해 반강제, 혹은 필요시 강제로 교육을 시키면 세상에 관한 저들의 생각을 충분히 바꿔 놓을 수 있다."

그리하여 이 젊은이들은 익숙했던 모든 것, 안전

하고 편안한 일상에서 낯선 곳으로 끌려갔다. 대개 장소의 변화만으로도 사람의 모든 것이 변하기에 충분하다. 오늘날 기독교 신앙을 가졌던 청소년들이 대학에 들어가고 나서 이런 일이 가장 많이 일어난다. 대학에 들어가면 자주 가는 장소가 바뀐다. 더 이상 가족들이 그들의 믿음을 일일이 챙겨 주지 못한다. 그러다 보면 결국 그들은 교회에 출석하지 않는다. 장소만 바뀌어도 '잠시 신앙생활을 쉬자. 아니 그냥 신앙을 완전히 떠날까?'라고 생각하기 쉽다.

하지만 장소가 달라진 것만으로는 이 유다 청년들을 무너뜨리기에 충분하지 않았다. 그래서 그다음 단계로 교육을 달리했다. 그들에게 바벨론, 곧 갈대아의 문학과 언어를 가르쳤다. 우리가 읽고 생각하는 것은 우리 자신을 바꿔 놓는다. 이것이 바벨론 정복자들의 목표였다. 강력한 국가들은 하나같이 그 백성, 특히 아이들에게 같은 세계관, 같은 우선순위, 같은 윤리와 도덕을 가르친다. 바벨론도 마찬가지였다.

다음으로 이 청년들의 이름을 바꾸었다. 다니엘, 하나냐, 미사엘, 아사랴는 각각 벨드사살, 사드락, 메삭, 아벳느고라는 바벨론식 새 이름으로 바뀌었다. 이 이름들에도 신을 높이는 의미가 담겨 있지만 이 신은 하나님이 아닌 다른 신이었다. 바로 바벨론의 신들이었다. 당신의 이름이 당신의 정체성과 얼마나 밀접하게 결합되어 있는지 생각해 보라. 이 청년들은 새로운 이름과 함께 새로운 정체성을 받았다.

이 청년들은 바벨론의 조치를 따랐다. 그들은 사는 곳이 바뀌고, 새로운 교육을 받고, 새 이름을 받았다. 살아남으려면 달리 방도가 없었다.

혹시라도 말썽을 일으킬지 모르는 이 유다의 청년들을 바벨론의 충성스러운 신하들로 개조하기 위해 한 가지 조치가 더해진다. "또 왕이 지정하여 그들에게 왕의 음식과 그가 마시는 포도주에서 날마다 쓸 것을 주어"(단 1:5).

하지만 이들은 거부했다. "다니엘은 뜻을 정하여 왕의 음식과 그가 마시는 포도주로 자기를 더럽히지 아니하리라 하고"(단 1:8).

다른 곳으로 자신들을 끌고 오는 것은 막을 수 없었다. 바벨론이 강요하는 새로운 교육을 거부할 수는 없었다. 억지로 주어진 새 이름을 거부하기에는 힘이 없었다. 하지만 그들은 식단만큼은 바꾸기를 한사코 거부했다.

결단력이 필요한 순간

고작 먹는 것을 두고 그렇게까지 고집을 부릴 필요가 있을까? 하지만 구약에서 하나님의 백성들의 중요한 특징은 무엇을 먹을지, 먹지 않을지에 대한 그분의 법을 따랐다는 것이다. 하나님의 백성들에게 식단은 단순한 외적 문제가 아니었다. 그것은 자신들이 하나님께 속했다는 깊은 확신을 외적으로 드러내는 방식이었다. 바벨론으로 강제 이송되어 강제로 교육을 받고 강제로 개명을 당한 상태에서 이 청년들을 유대의 신앙적 뿌리와 하나로 묶어 주는 마지막 끈은 음식이었다.

그래서 다니엘은 이렇게 결정한다. "지금까지는 받아들일 수 있다. 하지만 더 이상은 곤란하다. 여기까지가 우리의 한계선이다. 이 선을 넘지는 않을 것이다. 여기서는 내 입장을 지킬 것이다."

다니엘과 친구들은 일마다 문제를 일으키는 사회의 골칫거리들이 아니었다. 신앙을 지킨다고 해서 무조건 남들에게 밉보이는 것이 전혀 아니다. 오히려 다니엘은 "환관장에게 은혜와 긍휼을"(단 1:9) 얻었다. 나중에 왕 앞에 섰을 때 다니엘과 친구들은 무리 중에서 가장 지혜롭고 통찰력 깊은 학생들이었다. 심지어 바벨론의 엘리트들보다도 뛰어났다(단 1:19-20). 그들은 밝고 용모가 단정했으며 누구보다도 근면했다. 모든 일에 집중력을 발휘하고, 지각하는 법이 없는 훌륭한 학생들이었다.

하지만 그들이 절대 넘지 않기로 결심한 한계선이 있었다. 그것은 그들의 뿌리와 연관이 있었다. 그래서 그들은 왕의 심기를 건드리는(목숨을 잃을 수도 있는 상황) 한이 있더라도 그 선을 넘지 않기로 결심했다.

이런 종류의 결단은 어쩌다가 생기는 것이 아니다. 이런 결단은 하루아침에 생기지 않는다. 시련의 순간에 갑자기 솟아나지 않는다. 위기는 사람의 안에 있는 것을 밖으로 드러낸다. 위기는 이것을 만들어 내는 것이 아니라 그저 드러낼 뿐이다. 이 청년들은 이것을 타협해야 하는 순간, 이미 거부할 준비가 되어 있었다.

잘 모르는 먼 시대, 먼 장소에서 일어난 이야기이기 때문에 그들의 결심이 얼마나 대단한 것인지 실감이 안 날 수 있다. 하지만 당시 포로들이라면 아마도 다들 이렇게 말했을 것이다. "우리는 멀리 예루살렘에서 왔어. 이젠 상황이 달라. 시대가 달라졌다고. 우리에게 불어오는 역풍이 너무 강해서 거부해 봐야 소용이 없고 우리에게 아무런 득이 되지 않아. 여기는 바벨론이야. 이제 우리는 이 안에서 최선의 삶을 찾아야 해. 우리 선조들이 고집하던 것들은 더 이상 중요하지 않아."

이런 생각은 고대 유다의 역사에만 국한된 것이 아니었다. 이런 사고는 어느 시대에나 나타났다. 그리고 현대 복음주의 안에서도 나타난다.

다니엘, 하나냐, 미사엘, 아사랴는 이런 사고를 거부했다. 죽은 물고기는 강을 따라 흘러간다. 오직 살아 있는 물고기만이 강을 거슬러 올라갈 수 있다. 다니엘과 친구들은 강을 거슬러 올라갔다. 그들은 선을 그었다. 그들은 어디에 선을 그어야 할지 알았고, 그 선을 절대 넘지 않기로 결단했다.

시험대에 오르다

이제 다니엘이 다른 음식을 먹기 위해서는 왕의 환관장을 설득해야 했다(물론 환관장이 거절한다고 해서 굴복할 것은 아니었다. 다만 윗사람을 거역하면서 자신의 뜻대로 하는 것보다 설득해서 허락을 받는 편이 나았다). 환관장은 물론 이 네 명의 유다 청년을 좋아했지만 자신의 목숨이 붙어 있는 것보다 더 좋아한 것은 아니었다.

그는 다니엘이 원하는 대로 해 주다가 왕의 눈 밖에 나고 싶지는 않았다(단 1:10). 그래서 그는 이런 식으로 말했다. "다니엘, 너를 좋아하고 네 신앙을 이해하고 존중한다. 하지만 네가 원하는 대로 해 주면 내 목숨이 위태로워져. 그냥 이 규정을 따르도록 해."

하지만 다니엘은 선을 그었다. 그는 환관장이 아무리 거절해도 하나님의 뜻을 타협할 생각이 눈곱만큼도 없었다. 그는 포기할 생각이 없었다. 비유를 들자면, CEO가 내키지 않는 반응을 보이자 그는 COO를 찾아갔다(단 1:12-13). "우리에게 열흘 동안 채소와 물만 주신 뒤에 우리의 안색을 왕의 음식을 먹는 사람들과 비교해 보시면 어떨까요? 그러고 나서 당신이 보신 것에 따라 이 종들에게 처분을 내려 주십시오."

실로 용기 있는 발언이었다. 다니엘은 사실상 이렇게 말한 것이다. "시험을 해·봅시다. 우리는 옳다고 믿는 바대로 할 것입니다. 하나님이 우리를 통해 역사하실 줄 믿습니다."

열흘이 흐른 뒤 다니엘과 친구들은 모두 감독관 앞에 섰다. "열흘 후에 그들의 얼굴이 더욱 아름답고 살이 더욱 윤택하여 왕의 음식을 먹는 다른 소년들보다 더 좋아 보인지라 그리하여 감독하는 자가 그들에게 지정된 음식과 마실 포도주를 제하고 채식을 주니라"(단 1:15-16).

그리하여 그들은 훈련과 교육을 받는 3년 동안

채식을 했다. 환관장은 이 사실을 몰랐을지도 모른다. 그렇다면 자신이 고기와 포도주를 먹지 않게 해 달라는 다니엘의 청을 거절해서 그들이 점점 살이 찌고 건강해졌다고 착각했을 것이 분명하다!

참고로, 이 성경 구절들은 특정 식단을 권장하는 것이 아니다. 사실, 다니엘과 친구들은 날씬해진 것이 아니라 살이 쪘다. 열흘간의 시험 뒤에(그리고 이후 3년 동안) 그들의 건강 상태가 좋아 보였던 것은 다니엘의 식단 때문이 아니었다. 그것은 어디까지나 하나님의 기적이었다. 이것은 슈퍼푸드에 관한 이야기가 아니라 초자연적인 현상에 관한 이야기다.

하나님이 강력하게 역사하셨다. 다니엘과 친구들은 비쩍 마르고 병이 들어 보여야 정상이었다. 하지만 오히려 생기가 넘치고 피부에서 윤기가 났다. 왜일까? 하나님이 그렇게 해 주셨기 때문이다. 3년 동안 그 네 사람은 아침에 눈을 떠서 거울 앞에 설 때마다 하나님이 온 우주를 소유하시며 강력하게 역사하실 수 있음을 몸소 실감했다.

이들은 어떻게 해서 선을 긋고, 우리가 상상조차 하기 힘든 압박 속에서도 그 선을 끝까지 넘지 않을 수 있었을까?

바로 하나님을 알았기 때문이다.

다니엘서 1장에서 우리는 다음과 같은 구절을 읽었다. 이 구절이 이번 장을 이해하는 열쇠다.

2절: "**주께서** 유다 왕 여호야김과 하나님의 전 그릇 얼마를 그의 손에 **넘기시매**."

9절: "**하나님이** 다니엘로 하여금 환관장에게 은혜와 긍휼을 얻게 **하신지라**."

17절: "**하나님이** 이 네 소년에게 학문을 **주시고** 모든 서적을 깨닫게 **하시고** 지혜를 **주셨으니**."

그렇다. 하나님이 온전히 다스리신다. 하나님은 굵직한 지정학적 사건들을 통제하신다. 바벨론의 침공과 승리는 하나님이 느부갓네살에게 그 승리를 허락하셨기 때문에 가능했다. 유다에 큰 복을 주셨던 하나님은 포위군에게 승리를 주신 하나님이기도 하다. 유다 백성이 포로로 끌려간 것은 하나님이 허락하신 일이다. 성전이 파괴된 것도 하나님이 허락하신 일이다. 느부갓네살이 공을 차지했겠지만 그 일은 어디까지나 하나님의 다스림 속에서 이루어졌다.

하나님은 이런 거시적인 차원뿐 아니라 대인적인 일과 개인적인 일도 일일이 통치하신다. 3년의 훈련 기간이 끝나고 네 사람을 비롯한 학생들 전원이 왕 앞에 선 장면을 상상해 보라. 환관장이 네 사람의 외모와 또 그들이 이룬 학업 성취를 짐짓 자랑스러워하며 자신감 넘치는 얼굴로 그들을 왕 앞으로 데려간다.

"폐하, 여기 우등생들을 데려왔습니다. 저들은 유례없이 뛰어난 성적으로 훈련을 마쳤습니다. 이런 인재는 처음 봅니다. 저들을 보십시오. 그리고 뭐든 물어보십시오. 저들은 새 이름에 걸맞은 자들로 성장했습니다. 문학과 철학에 정통합니다. 외모와 체격도 남들보다 월등합니다. 이 인턴 프로그램은 대성공입니다."

왕과 환관장은 몰랐지만, 이 모든 일은 아브라함

과 이삭과 야곱의 하나님의 다스림 속에서 일어난 것이었다. 하나님은 다니엘, 하나냐, 미사엘, 아사랴가 머나먼 땅으로 끌려가 새로운 교육을 받기까지의 모든 과정을 관장하셨다. 그리고 하나님은 그들이 신념을 따르는 내내 결단력과 은혜를 주셨다. 하나님은 그들을 바벨론으로 이끄셨고, 그곳에서 그들과 함께하셨으며, (계속해서 보면 알겠지만) 그곳에서 그들을 크게 사용하셨다.

예수님이 끝까지 지키신 선

다니엘은 환관장 앞에 서서 목에 칼이 들어와도 왕의 고기와 포도주로 자신을 더럽힐 수 없다고 선언했다. 이 장면에서 또 다른 인물의 그림자를 볼 수 있다. 훨씬 더 적대적인 외국 땅에서 훨씬 더 강력한 적 앞에 서서 자신의 정한 선을 넘는 것을 끝까지 거부했던 인물. 다름 아닌 예수님이시다.

유다 사람인 포로들에게 바벨론이 얼마나 낯선

곳이었는지는 나름대로 상상해 볼 수 있지만, 하늘 영광을 떠나 시간과 공간의 한계가 있는 이 망가진 세상 속으로 들어오셨을 때 이 땅이 예수님께 얼마나 낯설었을지는 상상조차 할 수 없다. 예수님은 기꺼이 우리 중에 하나가 되어 이 세상에서 사셨다. 예수님은 틈만 나면 그분의 아버지를 거부하는 세상 속으로 기꺼이 들어오셨다. 하지만 하나님께 불순종하는 것은 철저히 거부하셨다. 광야에서 40일간 홀로 보낸 뒤에도 불순종의 선은 절대 넘지 않으셨다.

이 모든 날에 아무것도 잡수시지 아니하시니 날 수가 다하매 주리신지라 마귀가 이르되 네가 만일 하나님의 아들이어든 이 돌들에게 명하여 떡이 되게 하라 예수께서 대답하시되 기록된 바 사람이 떡으로만 살 것이 아니라 하였느니라(눅 4:2-4).

다니엘서의 다른 모든 장과 마찬가지로 1장의 진짜 주인공은 다니엘이 아니라 하나님이시다. 우리가 다니엘처럼 용감하게 살려면 먼저 다니엘처럼 하나님을 알아야 한다. 다니엘은 어릴 적부터 하나님을 알았다. 고향 유다에서 자라던 어린 시절, 바벨론이 침공해 올 기미조차 없던 때에 그는 다음과 같은 말씀을 암송하며 하루를 시작하고 마무리했다.

> 이스라엘아 들으라 우리 하나님 여호와는 오직
> 유일한 여호와이시니 너는 마음을 다하고
> 뜻을 다하고 힘을 다하여 네 하나님 여호와를
> 사랑하라(신 6:4-5).

나중에 조국이 침공을 당해 왕이 패하고 성전이 약탈을 당한 뒤, 다니엘은 외국 땅에서 다른 이름을 갖고 다른 책들을 읽고 다른 언어를 사용하며 살았다. 그래도 그는 자신이 아는 하나님을 사랑하기를 멈추지 않았다. 그는 최악의 상황을 포함해서 모든 일의 이면에 하나님이 계심을 분명히 알고 있었다.

하나님은 우리가 처한 모든 상황과 난관을 허락하신 분이다. 하나님은 BC 6세기 바벨론을 다스리셨던 것처럼 지금 이 시대와 우리나라를 통치하고 계신다. 지금 우리는 이스라엘에 있지 않다. 아니, 있었던 적도 없다. 우리는 "산 위에 있는 동네"에 살고 있지 않다. 오늘날 어떤 나라도 하나님 앞에서 특별한 지위를 누리고 있지 않기 때문이다. 그렇다면 지금 예루살렘은 어디에 있는가? 미국에 있지는 않다. 영국에 있지도 않다(예루살렘을 잉글랜드의 푸르고 기분 좋은 땅에 세우는 것이 윌리엄 블레이크의 소원이었지만). 중동에 있지도 않다.

예루살렘은 하늘에 있다. 우리 주 예수 그리스도는 로마 총독 빌라도에게 그분의 나라가 이 세상에 속하지 않았다고 말씀하셨다(요 18:36). 지금 우리는 예루살렘이 아닌 이 세상 곧 '바벨론'에 살고 있다. 하지만 내 나라가 아닌 하나님 나라야말로 우리가 속한 곳이다. 그곳이야말로 우리가 고향을 느낄 수 있는 곳이다. 이 둘을 혼동하면 엉뚱한 곳에 충성하고 신앙을 타협할 수밖에 없다.

지금 우리는 바벨론에 있다. 하지만 이곳에서조차 하나님이 주권적으로 다스리신다. 예나 지금이나 그리고 앞으로도 그냥 일어나는 일은 아무것도 없다. 하지만 21세기 세속주의가 가해 오는 공격에 우리는 어려움을 겪을 수밖에 없다. 위기가 찾아올 것이다. 일터나 스포츠 팀, 자녀 양육, 설교 등에서 하나님께 순종하기보다는 세상 문화의 흐름을 따라가야 한다는 압박의 순간이 찾아올 것이다.

이런 위기에 닥치면 우리 속에 있는 것이 여실히 드러난다. 이런 순간에 무너지지 않을 것이라고 장담하지 말라. 반대로, 포기할 수밖에 없다고 속단하지도 말라. 지금부터 결단하라. 어느 선을 절대 넘지 않을지에 관해서 깊이 고민하라.

모두가 똑같은 선을 그을 필요는 없다. (미국의 경우) 공립학교에서 성전환을 장려하는 문제를 예로 들어 보자. 한 그리스도인 교사는 그냥 사직서를 내는 편을 선택할 수 있다. 또 다른 그리스도인 교사는 계속 남아서 어떻게든 아이들에게 기독교 윤리를 가르치려고 노력하다가, 성전환을 장려할 수밖에 없는 상황이 오면 그때 사직서를 낼 수 있다. 어떤 그리스도인 부모들은 자녀를 아예 공립학교에 보내지 않을 것이다. 그런가 하면 어떤 부모들은 자녀를 보내되 집에서 남녀에 관한 하나님의 설계를 가르치고, 상황에 따라 꼭 필요한 경우에만 홈스쿨링으로 바꿀 것이다. 각자의 선은 조금 다를 수 있지만 어떤 경우든 선을 정하고 그 선을 절대 넘지 말아야 한다.

이것은 우리가 기도하면서 신중하게 선을 그어야 하는 수많은 영역 가운데 하나일 뿐이다. 이외에도 많은 영역이 있다. 따라서 당신이 긋고 지킬 선이 무엇인지 알라. 그리고 현재 상황에서 세상에 굴복하지 않고 신앙을 지키기 위해 필요한 모든 것을 주실 하나님을 알라.

2

언제까지
신세타령만
하고 있을 순 없다

내 삶의 진짜 통치자를 가려 낼 시간

느부갓네살은 강력한 왕이었다. 그는 당시 세상에서 가장 강력한 제국의 우두머리였다. 그의 화려함과 강력함은 넋을 잃을 정도였다. 미국 대통령의 힘과 위광도 당시 바벨론제국을 넘어 전 세계를 아울렀던 느부갓네살왕의 드높은 지위에는 한참 못 미친다.

느부갓네살은 인간 이상의 존재로 추앙받았다. 하지만 한편으로 그는 지극히 인간적이었다. 그도 여느 인간처럼 악몽에 자주 시달렸다.

불안감의 출처

느부갓네살은 꿈속에서 거대한 신상을 보았다. "그 모양이 심히 두려우니 그 우상의 머리는 순금이요 가슴과 두 팔은 은이요 배와 넓적다리는 놋이요 그 종아리는 쇠요 그 발은 얼마는 쇠요 얼마는 진흙이었"다(단 2:31-33).

왕의 꿈은 이렇게 이어진다. "손대지 아니한 돌

이 나와서 신상의 쇠와 진흙의 발을 쳐서 부서뜨리 매 그 때에 쇠와 진흙과 놋과 은과 금이 다 부서져 여름 타작마당의 겨같이 되어 바람에 불려 간 곳이 없었고 우상을 친 돌은 태산을 이루어 온 세계에 가득하였"다(단 2:34-35).

결코 기분 좋은 꿈이 아니었다. "그로 말미암아 마음이 번민하여 잠을 이루지 못한지라"(단 2:1). 날이 환하게 밝을 때는 그냥 조금 걱정이 되는 정도인 것이 어두운 밤이 되면 우리를 두려움에 옴짝달싹하지 못하게 만든다. 그리고 우리가 누워 있게 되면 서 있을 때는 충분히 다루거나 다스릴 수 있는 것들에 쉬이 압도당한다. 뮤지컬 〈오페라의 유령〉(The Phantom of the Opera)에서 유령의 대사처럼 "깊은 밤이 되면 모든 감정이 고조된다. 어둠이 깨어나 상상을 자극한다."

느부갓네살은 세상에서 가장 강한 군주였을지 몰라도 이 꿈 앞에서는 한낱 초라한 불면증 환자일 뿐이었다.

그래서 그는 당시 왕들이 하던 행동을 했다. 즉 갈대아의 모든 식자들과 마술사와 점쟁이들을 불러

모았다(단 2:2). 그러고는 단도직입적으로 명령을 내렸다. "내게 꿈의 내용을 말하고 해석까지 해내라." 뭐든 자기 뜻대로 했던 느부갓네살은 당근과 채찍 기법을 사용했다. "내 꿈의 내용과 의미를 말하지 못하면 사지를 말에 묶어 찢어발기겠다. 반면, 해몽을 한다면 꿈에도 상상하지 못했던 부귀영화를 누리게 해 주겠노라."

하지만 아무도 대답을 하지 못했다. 해몽은커녕 꿈의 내용조차 아는 이가 없었다. "왕께서 물으신 것은 어려운 일이라 육체와 함께 살지 아니하는 신들 외에는 왕 앞에 그것을 보일 자가 없나이다"(단 2:11).

지극히 맞는 말이다. 하지만 그 말이 귀에 들어오기에는 왕이 너무 절박한 상황이었다. 게다가 그는 여태껏 뭐든 자기 뜻대로 해 오던 사람이었다(너무 지친 것도 한 원인이었을지 모른다). "왕이 이로 말미암아 진노하고 통분하여 바벨론의 모든 지혜자들을 다 죽이라 명령하니라 왕의 명령이 내리매 지혜자들은 죽게 되었고"(단 2:12-13).

여기서 불안감과 분노, 권력이 결합되면 어떤 일

이 일어나는지를 알 수 있다. 실로 어처구니없는 반응이다. 불가능한 일을 해내지 못한다고 자신의 모든 참모들을 죽이다니 말이 되는가. 하지만 이것은 전혀 특이한 형태의 행동이 아니다. 까마득한 옛날에나 나타났던 행동도 아니다.

라인홀드 니버는 《인간의 본성과 운명》이라는 책에서 현대의 폭정이 인간 존재의 불안성에 대한 어두운 의식에서 비롯했을 가능성을 제시한다. 권력자들의 과도함과 잔혹함은 그들의 마음 깊은 곳에 자신이 사실상 아무것도 통제하지 못하고 있다는 불안감이 있음을 보여 준다.[*] 지금도 세계적인 차원에서 이런 불안감이 작용하는 모습을 볼 수 있다.

이런 불안감은 우리의 가정과 마음속에도 침투해 있다. 우리 자신의 제국이 얼마나 크든 작든 상관없이 일이 뜻대로 풀리지 않을 때면 우리도 모르게 분노를 폭발하고 비이성적인 반응을 보인다. 이것은

---

[*] Richard Niebuhr, *The Nature and Destiny of Man* (Westminster John Knox Press, 1996). 라인홀드 니버, 《인간의 본성과 운명》(종문화사 역간).

우리가 아무것도 통제하지 못한다는 사실을 우리 내면 깊은 곳에서 알고 있으며, 그 진실을 우리가 좋아하지 않는다는 표시다. 달리 표현하면, 내면 깊은 곳에서 우리는 우리가 하나님이 아니라는 사실을 알고 그 사실이 영 못마땅하다. 19세기 철학자 프리드리히 니체는 이런 말을 했다. "만약 신들이 존재한다면 내가 신이 아닌 것을 어떻게 참을 수 있는가!"

느부갓네살은 늘 자기 운명의 주인이요, 자기 배의 선장으로 살아왔다. 따라서 스스로를 그토록 강력하고 중요한 존재로 믿는 이 왕이 스스로 통제할 수 없는 이 악몽과 사건들 때문에 극도의 불안감에 빠져 그토록 잔혹한 짓을 저지르려고 한 것은 전혀 놀라운 일이 아니다.

이 일로 다니엘과 친구들은 죽음의 문턱에 이르렀다. 그들은 1장에서 바벨론대학을 졸업한 뒤 왕의 참모 대열에 들어갔기 때문이다. 이제 그들의 목숨은 풍전등화 상황에 놓였다.

이번 장 뒷부분에서 이 목숨의 위협 앞에서 다니엘이 보인 반응을 다시 살펴볼 것이다. 일단, 하늘의 하나님은 "밤에 환상으로" 다니엘에게 왕의 꿈에 관해 정확히 알려 주셨다(단 2:19). "이에 다니엘은 왕이 바벨론 지혜자들을 죽이라 명령한 아리옥에게로 가서 그에게 이같이 이르되 바벨론 지혜자들을 죽이지 말고 나를 왕의 앞으로 인도하라 그리하면 내가 그 해석을 왕께 알려 드리리라 하니"(단 2:24).

꿈의 의미는 이러했다. "왕이여 왕은 여러 왕들 중의 왕이시라 …… 왕은 곧 그 금 머리니이다"(단 2:37-38). 필시 느부갓네살은 이렇게 생각했을 것이다. '시작부터 좋군. 쓸데없이 걱정하고 신하들에게 심술을 부렸군. 다니엘같이 좋은 녀석을 처형하겠다고 협박하다니.' 왕좌에 앉은 왕은 어깨를 좀 더 폈다. 다니엘의 해몽은 계속되었다.

왕을 뒤이어 왕보다 못한 다른 나라가 일어날

것이요 셋째로 또 놋 같은 나라가 일어나서 ……
넷째 나라는 ……(단 2:39-40).

이것이 금에 이은 은, 놋, 철의 의미였다. 네 제
국은 바벨론, 메데-바사(페르시아), 헬라, 로마라는 것
이 전통적인 해석이다(내가 볼 때는 옳은 해석이다). 이보
다 더 나아가는 것은 추측이며, 추측은 대개 도움이
되지 않는다(그런데도 각 발가락이 무엇에 해당하는지를 놓고
수많은 책이 쓰이고 수많은 설교가 전해졌다). 추측보다는 하
나님이 다니엘에게 주신 해석의 요지에 집중하는 것
이 옳다. 멀찍이 떨어져서 보면 하늘의 화가께서 그
리시는 전체 그림을 볼 수 있다. 이 그림이 보여 주는
큰 이야기는 무엇인가?

바로, 이것이다. 하나님은 세상의 나라들을 세우
고 허무신다. 따라서 세상의 나라들은 아무리 강하
고 잔혹해도 잠깐 있다가 사라지는 것일 뿐이다. 하
지만……

하늘의 하나님이 한 나라를 세우시리니 이것은

영원히 망하지도 아니할 것이요 그 국권이 다른
백성에게로 돌아가지도 아니할 것이요 도리어 이
모든 나라를 쳐서 멸망시키고 영원히 설 것이라
손대지 아니한 돌이 산에서 나와서 쇠와 놋과
진흙과 은과 금을 부서뜨린 것을 왕께서 보신
것은(단 2:44-45).

갑자기 왕의 어깨가 뻣뻣해지고 얼굴이 잿빛으로
변하는 모습을 상상해 볼 수 있다. '이 유다의 신출내
기가 착각한 것이 아닐까? 결국 이것은 하나의 해석
일 뿐이지 않은가!' 하지만 전혀 그렇지 않다.

크신 하나님이 장래 일을 왕께 알게 하신 것이라
이 꿈은 참되고 이 해석은 확실하니이다(단 2:45).

이 꿈의 요지는 이것이다. 인류 역사는 하나님의
통치 아래에 있고, 하나님께서는 이루고자 하시는 목
적이 있다. 이 꿈이 젊은 포로 다니엘과 전능한 것처
럼 보이는 왕에게 던지는 메시지는 분명했다. 하나

님은 모든 나라를 허물고 그분의 영원한 나라를 세우실 것이었다.

결국 바벨론제국은 메데-바사의 손에 멸망했다. 메데-바사제국은 알렉산드로스 대제와의 전쟁에서 패해 헬라제국에 넘어갔다. 알렉산드로스 대제의 제국은 분열되고, 얼마 있지 않아 로마제국의 손에 넘어갔다. 그리고 로마제국은 알려진 세상의 대부분을 정복했다(내 조국 스코틀랜드만 빼고. 그것은 우리 조상이 용감하게 무릎을 꿇지 않았기 때문이라고 말하고 싶지만 로마인들이 스코틀랜드에는 관심이 없었을 가능성이 더 높다).

강력한 로마는 수많은 군대를 무찌르고, 나라들을 멸망시키고, 왕들을 쓰러뜨리고, 그 군대가 밟는 땅마다 자신의 문화를 강요했다. 하지만 로마의 통치가 정점에 달했을 때 중동 변방의 한 촌구석에서 한 10대 처녀가 천사의 방문을 받아 아들을 낳을 것이라는 말을 들었다. "(그 아들의 이름은 예수라 불리고) 주 하나님께서 그 조상 다윗의 왕위를 그에게 주시리니 영원히 야곱의 집을 왕으로 다스리실 것이며 그 나라가 무궁하리라"(눅 1:32-33).

이 여인이 한 대답은 너무도 유명하다. "나는 남자를 알지 못하니 어찌 이 일이 있으리이까"(눅 1:34).

그러자 천사는 이렇게 대답했다. "하나님이 하실 것이다. 하나님이 이루실 것이다. 언젠가 네 아들의 탄생으로 '하나님의 나라가 가까이 왔으니'(막 1:15)라는 선포가 이루어질 것이다."

예수님은 하나님이 마련하신 "손대지 아니한 돌"(단 2:34)이었다. 그분을 통해 영원한 하나님 나라가 임할 것이었다. 많은 백성이 그분께 희망을 걸었다. 그분이 로마를 전복시키는 왕이 되시리라 믿었다. 그분이 예루살렘을 통치하고 하나님 백성의 자유와 힘을 회복시키리라 생각했다. 그런데 그 왕이 로마의 십자가에 못 박히는 바람에 이 모든 꿈과 희망은 물거품이 되었다. 신상이 돌을 부수었다.

하지만 죽음이 이 왕을 계속 묶어 두는 것은 불가능했다(행 2:24). 부활하신 왕은 신하들에게 성령의 능력으로 온 세상으로 나아가 모든 나라를 그분의 나라 안으로 부르라고 명령하셨다. 그분이 돌아와 온 우주를 아우르는 그분의 나라를 가시적으로 통제하실 때까지 모든 나라들이 그분 앞에 무릎을 꿇고 그분을 구주로 받아들이게 하라고 명령하셨다.

1세기에는 로마제국이 먼지처럼 흩어지는 것이 절대 불가능해 보였다. 하지만 결국 그렇게 되었다. 반면, 우리 왕 예수 그리스도의 나라는 로마제국 전역을 넘어 그 밖으로까지 뻗어 나갔다. 돌이 신상을 부수고, 온 땅을 뒤덮는 산이 되었다. 이 나라는 국경을 초월한 나라다. 이 나라는 온 지구를 아우르는 "족속과 백성과 방언"이다(계 13:7). 이 나라의 크기와 넓이에 비하면 바벨론은 아주 작은 나라처럼 보이며, 이 왕의 장엄함은 느부갓네살조차 한낱 인간임을 여실히 드러낸다.

이 꿈이 그 옛날 포로와 왕, 나아가서 우리에게 던지는 메시지는 바로 이것이다. 하나님은 하나님이시고, 하나님이 통치하시며, 하나님 나라에 필적할 만한 나라는 없다.

　이것은 무엇을 의미하는가? 처음 사형 선고를 들었을 때 그리고 나중에 하나님이 왕의 꿈을 해석해 주셨을 때, 다니엘이 보인 반응은 우리에게 중요한 깨달음을 준다. 다니엘은 전혀 두려워하지 않았다. 그는 국경을 넘어 탈출하려고 하지 않았다. 가만히 앉아 목에 칼이 들어오기만 기다리지도 않았다.

　다니엘은 다른 신자들을 모아 기도하기 시작했다. "다니엘이 자기 집으로 돌아가서 그 친구 하나냐와 미사엘과 아사랴에게 그 일을 알리고 하늘에 계신 하나님이 이 은밀한 일에 대하여 불쌍히 여기사 다니엘과 친구들이 바벨론의 다른 지혜자들과 함께 죽임을 당하지 않게 하시기를 그들로 하여금 구하게 하니라"(단 2:17-18). 다니엘은 죽고 싶지 않았다. 그래서 자신을 도울 수 있는 하나님께 긍휼을 구했다. 그렇게 해서 하나님께 해몽을 들은 뒤에는 그분을 찬양했다.

영원부터 영원까지 하나님의 이름을 찬송할 것은 지혜와 능력이 그에게 있음이로다 그는 때와 계절을 바꾸시며 왕들을 폐하시고 왕들을 세우시며 지혜자에게 지혜를 주시고 총명한 자에게 지식을 주시는도다 그는 깊고 은밀한 일을 나타내시고 어두운 데에 있는 것을 아시며 또 빛이 그와 함께 있도다 나의 조상들의 하나님이여 주께서 이제 내게 지혜와 능력을 주시고 우리가 주께 구한 것을 내게 알게 하셨사오니 내가 주께 감사하고 주를 찬양하나이다 곧 주께서 왕의 그 일을 내게 보이셨나이다(단 2:20-23).

다니엘의 이 말과 11절에서 점성가("갈대아인")들이 한 말을 비교해 보라. "왕께서 물으신 것은 어려운 일이라 육체와 함께 살지 아니하는 신들 외에는 왕 앞에 그것을 보일 자가 없나이다." 다시 말해, 점성가들은 바벨론 문화의 다신론 세계관에 따라 반응한 것이었다. 바벨론의 종교에는 온갖 것들에 온갖 신들이 존재했다.

하지만 다니엘은 완전히 다른 반응을 보였다. 그는 확신으로 반응했다. 그는 자신이 믿는 하나님께 문제를 아뢸 뿐 아니라, 한 분 하나님만 계시다고 분명히 선포했다. 계절을 바꾸시고, 통치자들을 권좌에 앉히고 끌어내리시며, 원하시는 사람들에게 자신의 뜻을 밝히시는 한 분 하나님.

이런 면에서 현대 서구 국가들은 고대 바벨론과 별로 다르지 않다. 가만히 살펴보면 현대인들도 온갖 신을 이야기하고 있다. 일의 신, 성(性)적 표현의 신, 권력의 신, 골프의 신, 날씨의 신 등. 20세기 작가 G. K. 체스터턴의 말을 빌리자면, 성경에서 자신을 드러내신 '다니엘의 선조들의 하나님'을 믿지 않는다고 해서 아무것도 안 믿는 것은 아니다. 오히려 아무것이나 다 믿게 된다.

그래서 이 세상은 스스로 유일하게 참된 한 분 하나님이라고 말씀하시고 그것을 보여 주시는 하나님을 인정하고 받아들이지 않는다. 바로 이 부분에서 기독교는 세상 문화와 극심하게 충돌한다. 현대 서구의 사상가들은 '종교' 하면 즉시 "용인"(tolerance)이라는 단어를 꺼내기 때문이다. 존 스토트가 지적했듯이 사람들은 "언제나 그 의미를 정의하는 일을 멈추지 않는다."

세 가지 종류(의 용인)을 구분하면 도움이 될 수 있다. 첫 번째는 법적 용인이라고 부를 수 있다. 이것은 모든 소수 집단의 종교적·정치적 권리가 …… 법으로 적절히 보호되도록 보장해 주는 것이다. 이것은 당연히 옳은 것이다. …… 또 다른 종류는 사회적 용인이다. 이것은 각자 견해가 달라도 모든 사람을 존중하고 서로의 입장을 이해하려고 노력하는 것이다. 이 또한 그리스도인이 길러야 마땅한 미덕이다. …… 하지만 세 번째 종류인 지적 용인은 어떠한가? 거부할 이유를 조금도 찾지 않고 모든 의견을 인정하고 받아들일 정도로 넓은 마음을 기르는 것은 전혀 미덕이 아니다. 이것은 연약한 마음이라는 악덕이다. 이것은 원칙 없이 진리와 오류, 선과 악을 혼동하는 것으로 전락할 수 있다.

진리와 선이 그리스도 안에서 드러났다고 믿는
그리스도인들은 이런 용인을 받아들일 수 없다. *

반대 경우도 성립한다. 오늘날 서구 사회에서 다
수는 진리와 선이 상대적인 것이어서 개인들이 각
자 진리와 선을 판단할 수 있다고 믿는다. 이런 시각
은 복음의 메시지와 양립할 수 없다. 우리가 현대 신
들의 만신전에 잡신들을 추가하면 우리 사회는 전혀
개의치 않는다. 하지만 우리가 성경의 하나님이 우
주의 하나님이시며 그분 외에 다른 신은 없다고 주
장하면 전혀 다른 반응을 만나게 된다.

이로 인해 두려워할 것 없다. 무례하게 굴 것도
없다. 다니엘은 자신을 죽이려고 온 사람을 "명철하
고 슬기로운 말로" 대했다(단 2:14). 그뿐만 아니라 그
의 이름을 단 책 어디를 봐도 하나님의 백성이 이방
인에게 공격적이거나 분노로 혹은 거만하게 반응하
는 모습을 찾아볼 수 없다.

---

* John Stott, *Authentic Christianity* (Marshalls, 1985), p. 69.

우리는 아들을 통해 자신을 계시하고 그 아들을 통해 영원히 소멸되거나 전복되지 않는 나라를 세우신 하나님이 계시다는 사실을 안다. 이 사실로 인해 우리는 확신을 품어야 한다. 심지어 세상이 우리의 믿음을 용인할 수 없는 것으로 규정한다 해도 조금도 흔들릴 필요가 없다.

언제까지 한탄만 할 텐가

이것이 우리가 "수금"(harp)을 걸지 말아야 하는 이유다. 시편에서 우리는 일단의 포로들을 만날 수 있다. 그들의 행동과 심정은 이러했다.

> 우리가 바벨론의 여러 강변 거기에 앉아서 시온을
> 기억하며 울었도다 그중의 버드나무에 우리가
> 우리의 수금을 걸었나니 이는 우리를 사로잡은
> 자가 거기서 우리에게 노래를 청하며 우리를
> 황폐하게 한 자가 기쁨을 청하고 자기들을 위하여

시온의 노래 중 하나를 노래하라 함이로다 우리가
이방 땅에서 어찌 여호와의 노래를 부를까
(시 137:1-4).

이들은 좋았던 옛날을 돌아보며 회한의 눈물을
흘렸다. 그러고 나서 자신들의 수금을 나무에 걸었
다. 바벨론 고문자들의 조롱 앞에서는 즐겁게 노래
할 이유가 전혀 없어 보였기 때문이다. 하지만 다니
엘과 친구들은 이 무리에 같이 있지 않았으리라.

물론 잃어버린 것들을 생각하며 잠시 슬퍼할 수
는 있다. 하지만 언제까지 슬퍼만 하고 있을 수는 없
다. 열심히 일하고 충성스럽게 섬기고 힘을 다해 기
도하는 것이 옳다. 왜일까? 하나님의 백성은 바벨론
이 끝까지 번영하지는 않을 것임을 알기 때문이다.
"손대지 않은 돌"이 바벨론을 무너뜨리고 산이 될 것
이기 때문이다. 그래서 하나님의 백성에게는 언제
나 노래할 이유가 있다.

우리는 하나님의 은혜와 선하심에 관해 다니엘보
다 더 많은 증거를 보았다. 우리는 아예 "돌"이 도착한 것을 보았다. 우리는 사망이 이길 수 없는 왕의 이름을 알고 있다. 지금 역사와 주변 세상을 돌아보면 돌이 어떻게 산이 되었는지를 똑똑히 볼 수 있다.

그런데도 우리 가운데 많은 이들이 수금을 걸어놓고 있다. 좋았던 시절만 추억하며 모든 것을 놓고 불평한다. 공격적이고 세속적인 탈기독교 제국 속에서 교회가 살아남지 못할까 봐 걱정한다. 복음주의의 대외적인 얼굴은 만물을 다스리시는 주권적인 하나님을 향한 겸손하고도 차분한 확신과 기도가 아니라, 시끄러운 분노의 일갈이나 공포로 나타날 때가 너무도 많다.

핍박의 시작을 어떻게 다루어야 할까? 신앙 때문에 직장을 잃는 상황을 어떻게 다루어야 할까? 공공장소에서 예배를 금지하는 법을 어떻게 다루어야 할까? 좋은 시절은 다 갔다고 생각하며 수금을 나무에 걸어야 할까? 하나님이 하나님이시고, 하나님이 만물을 다스리시며, 하나님 나라는 궁극적으로 필적할 나라가 없다는 사실을 기억한다면 그럴 수 없다.

1920년대 레이스 경은 영국 최대의 공영 방송사

인 BBC를 설립하는 데 일조했고, 1927년부터 사장으로 재직했다. 스코틀랜드 고지대에서 나고 자란 그는 다소 엄격한 사람이었다. 1960년대에 영국을 휩쓸었던 세속주의의 물결이 BBC까지 뒤덮기 시작하자 한 모임에서 젊은 프로듀서가 세상이 변하고 있으니 종교적인 프로그램을 그만 내보내야 한다고 주장했다. 그는 사람들이 더 이상 종교에 관심이 없고 교회는 점점 퇴물이 되어 가고 있다고 주장했다.

키가 2미터에 육박했던 레이스 경은 벌떡 일어나이 젊은 프로듀서에게 자리에 앉으라고 말했다. 그러고 나서 담담한 목소리로 이렇게 말했다.

"교회는 BBC의 무덤 위에서도 건재할 것입니다."

그렇다. 교회는 영원히 건재할 것이다. BBC는 물론이고 CNN과 폭스(Fox)까지 모든 방송사가 사라져도 교회는 여전히 우뚝 서 있을 것이다. 모든 조직과 기관과 제국이 종말을 맞아도 하나님 나라는 끄떡없을 것이다. "적은 무리여 무서워 말라 너희 아버지께서 그 나라를 너희에게 주시기를 기뻐하시느니라"(눅 12:32).

당신이 몸담은 교회가 작아 보이는가? 주일에 하나님의 가족들을 만나기 위해 차를 타고 가다 보면 우리가 무엇을 하고 있는지 조금도 관심없는 수많은 사람들의 집 앞을 지나게 된다. 그들 대부분은 교회를 은근히 (혹은 노골적으로) 조롱한다. 그래서 교회가 작게 느껴지는가? 하지만 하나님 나라는 부술 수 없는 나라다. 당신 동네에 그런 강력한 나라의 대사관이 있는데, 우리는 그것을 "교회"라 부른다.

교회로 모이면서 낙심하지 말라. 점점 줄어드는 교인 숫자나 점점 더 적대적으로 변해 가는 언론에 낙심하지 말라. 그럴수록 오히려 더 교회에 헌신하라. 당신이 속한 교회의 식구들을 섬기라. 교회에 자신을 온전히 쏟아부으라. 주님이 우리의 수고와 재능, 헌금을 통해 숫자나 성숙의 측면에서 교회를 세우시는 것은 곧 유일하게 영원히 지속될 나라를 세우기 위해 우리를 사용하시는 것이기 때문이다.

하나님 나라에 근접한 나라조차 없다. 그러니 이

나라에 최선을 다하라. 이 나라가 당장은 작게 느껴질지라도 우리의 노력은 결코 헛되지 않다. 이 나라는 영원한 하나님 나라이기 때문이다.

하나님은 역사 속에서 일어난 모든 사건을 주권적으로 다스리신다. 모든 것이 뒤집혀진 것만 같은 시대조차 온전히 하나님의 장중에 있다. 이것이 다니엘서 2장이 주는 교훈이다. 하나님은 나라들을 세우시고 허무신다. 이 나라들은 등장했다가 사라지지만 하나님이 세우신 나라는 절대 무너지지도, 다른 누군가의 손에 넘어가지도 않는다. 다니엘서는 우리가 이것을 알아야 한다고 말한다. 따라서 우리는 두려움에 떨 것도 없고 분노로 길길이 날뛸 것도 없다. 우리는 믿음을 거스르는 세상의 흐름 속에서도 굳건한 확신을 누릴 수 있다. 하나님은 하나님이시고, 하나님이 만물을 다스리시며, 하나님 나라(교회)는 궁극적으로 필적할 나라가 없기 때문이다.

⌘

그래서 우리는 다니엘과 친구들이 전보다 더 승 승장구하는 모습을 볼 수 있다. 살아남을 수 있었을 뿐만 아니라 그들은 느부갓네살 정부에서 높은 자 리까지 올라갔다(단 2:48-49). 바벨론은 그들을 잘 대우 했다. 그들은 성실한 노력으로 승진에 승진을 거듭 했다.

하지만 좋은 상황이 계속되지는 않았다.

3

'그리 아니하실지라도'
물러서지 않을 때

순종으로 단련되는 믿음 근육

목숨이 걸린 상황에서 우리는 누구를 예배할 것인가? 선택의 순간이 오면 누구에게 순종할 것인가?

다니엘서 3장에서 다니엘의 세 친구에게는 그 순간이 아주 무시무시한 형태로 찾아왔다. 그리고 어떤 식으로든 우리에게도 그런 순간이 찾아온다. 다니엘의 세 친구에게는 하나님께 순종한 대가가 무시무시했다. 이 '탈기독교'(post-Christian) 시대에 우리에게도 그 대가는 점점 더 무시무시해지고 있다. 지금 사회는 우리에게 수많은 신에게 절을 하라고 요구하는데, 그중에 성경의 하나님은 없다.

모든 사람이 바짝 엎드렸다

느부갓네살이 다니엘의 해몽에 "너희 하나님은 참으로 모든 신들의 신이시요 모든 왕의 주재시로다 네가 능히 이 은밀한 것을 나타내었으니 네 하나님은 또 은밀한 것을 나타내시는 이시로다"(단 2:47)라고 감탄한 지 약 9년이 흘렀다. 이제 (시날이라고도 알려진)

두라 평지에서 일어난 일은 느부갓네살이 다니엘의 해몽에 감탄하기는 했지만 변화되지는 않았다는 사실을 여실히 보여 준다. 그는 다니엘의 하나님에 관해 아주 좋게 이야기했다. 하지만 그 칭찬은 어디까지나 피상적이었다.

17세기 주석가 매튜 헨리는 이렇게 말했다. "죄를 강하게 깨닫는다 해도 거기에 실질적인 회심이 따르지 않는 경우가 많다."

지난 9년 사이에 자신을 황금 머리에 빗댄 부분을 제외하고 해몽에 관한 느부갓네살의 기억은 통째로 사라진 듯 보인다. 그는 키가 거의 30미터에 육박하는 황금 신상을 만들어 세운 다음, 제국 전역의 권력자들을 한자리에 모아 사자를 통해 이렇게 선포했다.

> 백성들과 나라들과 각 언어로 말하는 자들아 왕이
> 너희 무리에게 명하시나니 너희는 나팔과 피리와
> 수금과 삼현금과 양금과 생황과 및 모든 악기
> 소리를 들을 때에 엎드리어 느부갓네살왕이 세운
> 금 신상에게 절하라(단 3:4-5).

느부갓네살은 단순히 자신의 꿈만 잊어버린 것이 아니라 자기 민족의 역사를 망각했다. 자기 조상들이 탑을 세웠던 그 평야에 자기 신상을 세웠으니 말이다.

성경 전체에서 우리는 바벨론과 예루살렘이 충돌하는 모습을 볼 수 있다. 바벨론은 사람을 상징한다. 바벨론은 하나님을 거역하고 하나님 없는 사회를 건설하려는 인간의 교만을 상징한다. 반면, 예루살렘은 하나님, 그분의 계시, 그분의 법과 통치에 엎드리는 사람들의 순종을 의미한다. 느부갓네살은 바벨론 편에 섰고, 이 신상은 본질적으로 바벨론의 힘과 그 왕의 위대함에 대한 상징이었다. 바벨탑을 건설했던 조상들과 마찬가지로 느부갓네살은 자신의 이름이 위대해지기를 원했다.

세상 모든 사람이 자신을 원하고 자신의 신상을 숭배하게 만들기 위해 그는 서슬 퍼런 위협을 가했다. "누구든지 엎드려 절하지 아니하는 자는 즉시 맹렬히 타는 풀무불에 던져 넣으리라"(단 3:6). 공허한 위협이 아니었다. 불과 몇십 년 전 예레미야 선지자는 "바벨론 왕이 불살라 죽인 시드기야와 아합(유다의 거짓 선지자들로 추정)"의 사례를 하나님의 백성에게 상기시킨 바 있다(렘 29:22). 이것은 농담이 아니었다. 느부갓네살은 더없이 진지했다. "내가 이 놀라운 신상을 세웠다. 모두가 굴복하고 숭배하라. 그렇지 않으면!"

당연히 모든 사람은 바짝 엎드렸다. 분명 대부분의 사람들에게는 이 신상의 웅장한 모습만으로도 엎드려 절하기에 충분했을 것이다. 다른 이들은 남들이 절하는 모습을 보고 자신도 그래야 하는 것으로 생각하고 따라했을 것이다. 남은 이들도 풀무불을 떠올리며 무릎을 굽히지 않을 수 없었다. "모든 백성과 나라들과 각 언어를 말하는 자들이 나팔과 피리와 수금과 삼현금과 양금과 및 모든 악기 소리를 듣자 곧 느부갓네살왕이 세운 금 신상에게 엎드려 절하니라"(단 3:7).

지금도 여전히 절하고 있다

지금 여기서 무슨 일이 벌어지고 있는가? 간단하다. 우상숭배. 인간을 만드신 하나님을 예배하는 것이 아니라 인간이 만든 뭔가를 숭배하고 있다. 그 평야에 모인 사람들은 그 신상이 하나님인 것처럼 절하고 있었다. 눈앞의 광경에 압도당해서든, 무리에 섞이기를 원해서든, 목숨이 위협당해서든, 그들은 신상에 절함으로써 그것을 우상으로 만들었다.

우상숭배는 단순히 고대 문명만의 문제가 아니라, 인류 전체의 문제다. 그것은 다름 아닌 인간 마음의 문제이기 때문이다. 로마서 1장은 모든 사람에 관해 이렇게 말한다.

> 하나님을 알되 하나님을 영화롭게도 아니하며
> 감사하지도 아니하고 …… 스스로 지혜 있다
> 하나 어리석게 되어 썩어지지 아니하는 하나님의
> 영광을 썩어질 사람 …… 모양의 우상으로
> 바꾸었느니라 …… 피조물을 조물주보다 더
> 경배하고 섬김이라(롬 1:21-23, 25).

"하나님께서 그들을 마음의 정욕대로 더러움에 내버려 두사 그들의 몸을 서로 욕되게 하게 하셨으니"(롬 1:24). 우상숭배의 결과다. 우리 삶, 나아가서 사회 전체의 우상숭배는 부도덕으로 이어진다. 사회가 부도덕을 용인하고 심지어 권장하기까지 하는 이유를 알려면 부도덕한 행동 이면의 우상숭배를 봐야 한다.

물론 우상의 종류는 변한다. 요즘 금 신상을 세워 놓고 그 앞에 절하는 사람은 찾아보기 힘들다. 하지만 우상은 여전히 기승을 부리고 있다. 그리고 우리가 그것들 앞에 절하는 이유도 전혀 변하지 않았다. 그것들이 매력적으로 보이기 때문이다. 우리 주변 모두가 그것들을 숭배하기 때문이다. 그 대열에 동참하지 않으면 불이익을 주겠다고 우리 사회가 위협하기 때문이다.

폴 사이먼이 쓴 〈사운드 오브 사일런스〉(The Sound of Silence)라는 곡에 이런 가사가 등장한다. "사람들은 자신들이 만든 네온 신에게 절하고 기도했다." 수많은 인간이 절에서 쇼핑몰, 사무실, 퇴폐업소까지 각종 사당에서 진심을 다해 절을 하고 있다. 이 모든 사당 하나하나는 거짓 종교를 의미한다.

현대 사회에서 우상을 찾는 일은 쉽지 않다. 우리가 위협을 받아서가 아니라 스스로 원해서 절하는 우상들이 있는데, 이 우상들은 규명하기가 지극히 어렵다. 그런 우상의 두 가지 예를 들어 보자.

첫째, 서구의 많은 그리스도인 부모들은 '자녀'라는 우상을 섬기는 것을 당연시한다. 그들은 하나님께 헌신하고 그분의 백성을 섬기는 일보다 자기 자녀를 더 챙긴다.

물론 자녀 자체는 좋은 것이다. 사실, 우상이라는 것들이 대체로 그렇다. 하지만 자녀는 너무 쉽게, 그리고 부지불식간에 우상으로 변질된다. 우리 아이들이 하는 수영이나 스케이트 레슨, 과외가 너무도 중요해서 교회 주일학교에 보낼 시간이 없다. 매일 온 가족이 함께 성경을 읽을 시간도 내기 어렵다. 하나님의 말씀과 백성이 중요하기는 하지만 그들에게 가장 큰 계명은 자녀다. 압박 상황이 찾아오면 그들은 완벽한 가정이라는 우상을 섬기고, 거룩하신 하나님은 그 틀에 끼워 맞춘다.

둘째, 대부분의 미국 그리스도인이 '정치'라는 우

상을 섬기는 것을 당연하게 여긴다. 우리는 자신이 지지하는 정당이 이기면 하나님 나라가 이기는 것처럼 생각하고 기도하고 말한다. 반대로 자신이 지지하는 정당이 지면 온 세상이 지옥으로 변한다. 다시 말해, 자신이 좋아하는 대통령이나 정당을 신으로 취급한다. 미국 그리스도인들은 특정 정당을 정치적 고향으로 삼아 거기에 온 희망을 거는 데 아주 익숙하다. 우리는 이것이 곧 바벨론이라는 사실을 망각하고 있다. 공화당 바벨론이든 민주당 바벨론이든, 우파 바벨론이든 좌파 바벨론이든, 다 바벨론이다.

그리고 우리는 하나님 나라가 이 세상에 속하지 않았다는 사실을 망각하고 있다. 내가 볼 때 대부분의 미국인들은 사회주의가 무엇인지 정확히 알지도 모른 채 자본주의를 숭배한다. 하지만 사회주의든 자본주의든 하나님 나라를 세우지 않는다. 경제학자 존 케네스 갤브레이스가 한 유명한 말처럼 "자본주의 아래서는 인간이 인간을 착취한다. 사회주의 아래서는 단지 착취의 방향만 뒤바뀔 뿐이다."

특정 정당이나 경제 시스템을 우상으로 삼으면

그 제단에 희생제물을 바쳐야 한다. 정치적·경제적 담장 양측에서 각각의 그리스도인들이 성경적으로 용납할 수 없는 것을 옹호하기 위해 감내하는 윤리적 타협을 보라. 이제 우리는 자신의 입장이나 상대방의 입장에서 장단점을 가려 낼 수 있는 능력을 잃어버렸다. 이것은 우상숭배다. 하나님 말고 다른 것이 우리에게 필요한 것을 주리라고 믿는 것이다. 그래서 우리는 정당의 우상 앞에 절을 한다. 그리고 각 정당을 대변하는 언론의 신전에 출석한다.

사실상 우리는 생각을 하지 않는다. 단지 이미 있는 편견을 계속 강화할 뿐이다. 우리가 우상에 절을 하고 있는지 확인할 수 있는 방법이 있다. 다른 입장을 취하는 방송국들의 시청률을 매일같이 확인하는가? 그렇지 않다 해도 압박 상황이 찾아오면 우리는 대통령과 정당을 숭배하고 거룩하신 하나님을 그 틀에 끼워 맞춘다.

지위, 재물, 자신의 몸까지 예를 들자면 끝이 없다. 우리 문화는 이런 것을 숭배한다. 이런 것은 우리가 생각 없이 절을 하는 우상들이다. 우리의 마음은 자신의 목적이나 목표, 지위, 평판에 부합하는 우상들을 섬기는 경향이 있다. 기독교 신앙은 우리가 우상숭배에서 완벽히 자유롭다는 뜻이 아니다. 우리에게 우리의 우상들을 허물 책임이 있다는 뜻이다. 그리스도인은 우상숭배에 절대 빠지지 않는 사람이 아니라 다음과 같이 기도하는 사람이다.

어떤 우상이든
제가 가장 소중히 여기는 우상을
그 왕좌에서 끌어내리고
오직 주님만을 예배하게 도와주십시오.

하지만 두라 평지에 있던 그들은 이런 기도를 드리지 않았다. 느부갓네살의 신상을 숭배하는 것이 그들의 목적과 목표, 지위, 평판에 가장 부합하는 일이었다. 그래서 그들 모두는 그 신상 앞에 엎드렸다.
단, 세 사람만 빼고.

일부 갈대아인들, 아마도 다니엘의 세 친구인 사드락, 메삭, 아벳느고가 승승장구하는 것을 시기하던 이들은 음악이 시작되었는데도 이 세 사람이 무릎을 굽히지 않은 것을 눈치 챘을 것이다. 그리고 그들은 곧장 느부갓네살에게 달려가 (풀무불 이야기를 상기시키면서) 이 사실을 고해바쳤다.

> 왕이여 이 사람들이 왕을 높이지 아니하며 왕의
> 신들을 섬기지 아니하며 왕이 세우신 금 신상에게
> 절하지 아니하나이다(단 3:12).

이에 느부갓네살은 노발대발하며 즉시 유다 사람 셋을 불렀다. "이 말이 사실이냐?" 이렇게 묻고 나서 그 행동 때문에 어떤 대가를 치를지 읊었다.

> 이제라도 너희가 준비하였다가 …… 내가 만든
> 신상 앞에 엎드려 절하면 좋거니와 너희가 만일

절하지 아니하면 즉시 너희를 맹렬히 타는 풀무불 가운데에 던져 넣을 것이니 능히 너희를 내 손에서 건져 낼 신이 누구이겠느냐(단 3:15).

가끔 성경을 읽다가 결과를 모르는 채 읽으면 좋겠다는 생각이 들 때가 있다. 이 이야기가 그렇다. 이 이야기를 사전에 전혀 모르고서 읽는다고 상상해 보라. 이 세 사람은 뭐라고 말할까? 이들은 무엇을 선택할까? 어떤 일이 벌어질까? 아마도 이 시점에 당신은 극심한 긴장감에 손톱을 깨물고 있을 것이다. 이들은 풀무불에 던져질 위험에 처해 있다. 산 채로 통구이가 되기 직전이다. 이들은 어떻게 대답할까? 당신이라면 뭐라고 말할 것 같은가? 당신이라면 절을 하겠는가?

생각해 보라. 기껏해야 한 번뿐이다. 눈감고 딱 한 번만 절하면 되는데 뭐가 그렇게 문제인가? 신상은 아무것도 아니라는 것을 분명히 알고 있다. 그것은 하나님도 아니고 아무런 힘도 없다. 그냥 한 번 절하고 말면 되는 것 아닌가? 고향에서 멀리 떨어진 곳이라서 당신 얼굴을 아는 사람도 없다. 그리고 실제로 하나님을 버리라는 것도 아니지 않은가? 하나님을 욕하는 말을 하지 않아도 된다. 남들도 다 하고 있으니 슬쩍 껴서 절을 해도 아무도 눈치 채지 못한다. 게다가 왕이 얼마나 잘해 주었는가. 직업도 주고 살 집도 마련해 주었다. 물론 양심이 찔리기는 한다. 하지만 조금만 지나면 양심의 찔림은 가라앉을 것이다. 그리고 절해야 죽지 않는다. 죽지 않아야 하나님께 쓰임을 받아도 받을 것 아닌가. 하나님은 우리를 사용하길 원하신다. 그러니 재빨리 절하고 일어나서 목숨을 부지하는 편이 옳지 않은가. 게다가 풀무불은 보통 뜨거운 게 아니다.

자, 이제 다니엘의 친구들이 어떻게 대답했는지 보자.

> 느부갓네살이여 우리가 이 일에 대하여 왕에게
> 대답할 필요가 없나이다 왕이여 우리가 섬기는
> 하나님이 계시다면 우리를 맹렬히 타는 풀무불
> 가운데에서 능히 건져내시겠고 왕의 손에서도

건져내시리이다 그렇게 하지 아니하실지라도
왕이여 우리가 왕의 신들을 섬기지도 아니하고
왕이 세우신 금 신상에게 절하지도 아니할 줄을
아옵소서(단 3:16-18).

실로 놀랍다. 그들은 이렇게 말하고 있다. "우리
하나님은 우리를 구해 주실 수 있습니다. 그분이 실
제로 우리를 구해 주실지는 모르겠지만 원하신다면
얼마든지 구해 주실 수 있습니다. 그리고 설령 그분
이 우리를 구해 주시지 않더라도 왕이 세우신 이 금
신상에는 절하지 않겠습니다."

그들은 왜 이렇게 말했을까? 하나님이 율법을 통
해 하신 말씀이 참이라는 것을 확실히 알았기 때문
이다.

너를 위하여 새긴 우상을 만들지 말고 또 위로
하늘에 있는 것이나 아래로 땅에 있는 것이나 땅
아래 물속에 있는 것의 어떤 형상도 만들지 말며
그것들에게 절하지 말며 그것들을 섬기지 말라 나

네 하나님 여호와는 질투하는 하나님인즉(출 20:4-5).

그들에게는 하나님의 명령이 처음이자 끝이었다. 하나님이 우상에게 절하지 말라고 명령하셨기 때문에 그들은 목에 칼이 들어와도 그 짓을 할 생각이 없었다. 그들은 이렇게 말했다. "우리는 하나님께 순종할 것입니다. 그것이 풀무불에서 죽는 것을 의미한다면 기꺼이 죽을 것입니다. 만약 하나님이 극적으로 개입하신다면 우리는 풀무불에서도 죽지 않을 것입니다. 그 무엇과도 상관없이 우리의 역할은 그분께 순종하는 것입니다. 왕이시여, 우리는 왕의 형상 앞에 절하지 않을 것입니다."

여기서 중요한 사실을 놓치지 말아야 한다. 그들은 구원을 받을 줄 전혀 몰랐다. 물론 하나님께 자신들을 구해 주실 능력이 있는 줄은 알았지만 그렇게 해 주실지에 대해서는 멋대로 판단하지 않았다. 그럼에도 상관없이 그들은 순종했다. 바로 이것이 믿음이다.

한 친구에게서 이런 말을 들었다. "믿음은 반대

증거에도 불구하고 믿는 것이 아니라, 대가를 치러야 하는데도 순종하는 것이다."

무신론자들은 우리 그리스도인들이 증거가 없는데도 불구하고 믿는다고 말한다. 이 주제에 관해서는 다른 책을 보길 바란다. 다만, 우리 신자들에게 더 큰 도전이 되는 사실은 진정한 믿음은 고통스러운 대가를 치르면서도 순종으로 나타난다는 것이다.

믿음은 이 세 사람처럼 말하는 것이다. 믿음은 성경의 진리를 부인하지 않으면 말뚝에 묶여 화형을 당할 것이라는 위협 앞에서 마르틴 루터가 황제에게 말한 것처럼 말하는 것이다.

제가 여기 서 있습니다. 제가 달리 할 수 있는 것은 없습니다. 하나님, 저를 도와주십시오. 아멘.

순종이 지금 내 일상인가

여기서 우리가 말하는 것은 다름 아닌 제자도다.

베드로가 핍박을 겪는 1세기 그리스도인들에게 다음과 같은 편지를 쓸 때 다니엘서 3장을 떠올렸을 것이 분명하다.

> 사랑하는 자들아 너희를 연단하려고 오는 불 시험을 이상한 일 당하는 것같이 이상히 여기지 말고(벧전 4:12).

하나님께 순종하는 삶을 살고 우리 사회가 절하는 것을 숭배하기를 거부하면 불 앞에 서는 것은 전혀 이상한 일이 아니다. 신자에게 그것은 일상이다. 다니엘 시대에도 그러했고, 베드로 시대에도 그러했으며, 지금도 다르지 않다. 지금도 여전히 믿음은 치러야 할 대가가 따름에도 불구하고 순종하는 것이다.

우리는 일이 잘 풀리지 않아도 순종하도록 부름을 받았다. 심지어 우리는 순종하지 않는 편이 더 나은 것처럼 보이는 상황에서도 순종하도록 부름을 받았다. 실용주의는 순종의 적이다. 더 합리적이고 유익하게 보이는 것에 따라 결정을 내리면 하나님께 순종하는 대신 우리 문화의 우상들을 숭배하게 된다. 무엇이 가장 적절한지, 무엇이 사람들의 심기를 가장 건드리지 않는지, 무엇이 편안한지에 따라 삶을 살면 성경에서 실제로 말하는 제자도에서 멀어질 수밖에 없다.

그리스도인의 삶은 다른 모든 사람의 기대에 부응하지 못하고 조롱과 배척, 실직, 아니 그 이상의 대가를 받아들이면서까지 우상의 매력을 거부하는 것을 의미한다.

우리는 실용주의가 아니라 믿음으로 부름을 받았다. 그리고 믿음은 "하나님이 이렇게 하라고 말씀하셨으니 무슨 일이 있어도 이렇게 할 것이다"라고 말하는 것이다. 우리가 그리스도인이라는 확실한 증거는 맹렬하게 불타는 풀무불 앞에서도 하나님의 말씀에 단순하고도 무조건적으로 순종하는 것이다.

당시 바벨론제국의 풀무는 벽돌(바벨의 건축자들이 하나님께 도전하는 오만한 탑을 쌓을 때 사용했던 것과 같은 종류의 벽돌)을 구울 때 사용되었다. 목탄을 연료로 하는 이 풀무는 섭씨 1,000도에 달하는 불길을 만들어 냈다. 풀무는 철도 터널처럼 생겼는데 한쪽 끝은 막혔고 반대쪽에는 입구가 있었다. 느부갓네살은 노기등등하여 사드락, 메삭, 아벳느고를 집어넣을 풀무를 평소보다 일곱 배나 더 뜨겁게 달구라고 명령했다(단 3:19). 얼마나 뜨거웠던지 세 사람을 풀무에 던진 병사들까지 불에 타서 죽을 정도였다(단 3:22).

그런데 그다음 상황은 기적이었다.

그때에 느부갓네살왕이 놀라 급히 일어나서
모사들에게 물어 이르되 우리가 결박하여 불
가운데에 던진 자는 세 사람이 아니었느냐 하니
그들이 왕에게 대답하여 이르되 왕이여 옳소이다
하더라 왕이 또 말하여 이르되 내가 보니 결박되지

아니한 네 사람이 불 가운데로 다니는데 상하지도 아니하였고 그 넷째의 모양은 신들의 아들과 같도다 하고 느부갓네살이 맹렬히 타는 풀무불 아귀 가까이 가서 불러 이르되 지극히 높으신 하나님의 종 사드락, 메삭, 아벳느고야 나와서 이리로 오라 하매 사드락과 메삭과 아벳느고가 불 가운데에서 나온지라 총독과 지사와 행정관과 왕의 모사들이 모여 이 사람들을 본즉 불이 능히 그들의 몸을 해하지 못하였고 머리털도 그을리지 아니하였고 겉옷 빛도 변하지 아니하였고 불탄 냄새도 없었더라(단 3:24-27).

네 번째 사람의 정체에 관해서는 온갖 주장이 난무하고 그 정체를 설명하느라 막대한 양의 잉크가 사용되었다. 나는 그 사람을 천사로 보는 편이지만 미리 성육신한 예수님으로 보는 이들도 많다. 어떤 경우든 느부갓네살이 던진 질문에 답변은 확실히 이루어졌다. "능히 너희를 내 손에서 건져 낼 신이 누구이겠느냐"(단 3:15). 이 질문에는 바벨론 왕을 방해할 만큼 강한 신이 없다는 오만함이 담겨 있다. 이제 그는 답을 얻었다. 구원할 능력이 있는 신은 누구인가? 바로 이 신이다.

우리 하나님은 구원하시는 하나님이다. 하나님은 전능하신 팔로 그분의 백성을 애굽의 속박에서 구해 내셨다. 하나님은 다윗왕의 승리를 통해 그분의 백성을 블레셋의 손에서 구해 내셨다. 나중에 하나님은 바사왕 고레스의 마음을 변화시켜 이 백성을 포로 생활에서 구해 내셨다. 무엇보다도 하나님은 그분의 아들 우리 주 예수 그리스도의 죽음과 부활을 통해 그분의 백성을 죄와 죽음의 속박에서 구해 내셨다.

그렇다. 우리에게는 돌아볼 구원의 기억이 있다. 우리는 그 풀무불에서 살아난 사드락과 메삭, 아벳느고보다도 더 크고 놀라운 구원의 기억을 갖고 있다. 물론 그들은 풀무불 속에서 그들과 합류한 하나님의 아들처럼 보이는 인물을 통해 구원을 받았다. 하지만 나중에는 그들도 결국 죽었다.

하지만 우리는 우리를 대신해 하나님의 심판의

지옥 불 속으로 들어가 생명을 내주신 분 덕분에 영원한 구원을 받았다. 이제 누구든 그분을 믿는 자는 영원히 죽지 않는다(요 11:25-26). 당신과 내가 당할 수 있는 가장 무시무시한 풀무불, 아니 우리 모두가 당해 마땅한 풀무불, 그 불을 이미 주 예수 그리스도께서 십자가 위에서 통과하셨다.

풀무불을 통과하여

우리는 이 심판과 지옥의 풀무불을 당하지 않아도 된다. 하나님이 이미 우리를 그 불에서 구해 주셨기 때문이다. 그런데 그리스도인으로 살면서 만나는 "불 시험"에 관해서는 상황이 다르다. 우리는 이 불에서 구원을 받는 것이 아니라 이 불을 통과해서 구원을 받는다.

예수님께 순종하면 불을 면할 수 있을까? 전혀 아니다. 오히려 순종은 우리를 불 가운데로 이끌곤 한다. 하지만 바로 이 불 한복판에서 하나님은 그분 자

신과 그분의 능력을 가장 분명하게 드러내실 때가
많다.

> 너희의 길이 불 시험을 통과할 때
> 충분한 은혜를 부어 주시리.
> 고난 속에서 너희와 함께 계셔
> 깊은 슬픔 가운데 있는 너희를 축복하고
> 성화시키시리.

나는 시험을 별로 겪어 보지 못했다. 그래서 시험
과 고난에 관해서 말할 자격이 없다. 하지만 돌이켜
보면 내가 이룬 신앙 성장은 대부분 성공과 웃음이
아닌 실망과 어려움, 눈물 속에서 이루어졌다.

나는 이것을 초신자 시절에 깨달았다. 그래서 얼
마나 감사한지 모른다. 젊은 신학도 시절 나는 어머
니를 심한 심장마비로 잃었다. 당시 내 여동생들은
겨우 열다섯 살, 열한 살이었다. 죽음이 내 존재의 뿌
리를 흔들었기 때문에 이제 신학을 단순히 이론으로
이해하는 것이 아니라 삶에 적용해야 했다.

믿음과 순종 가운데 주님을 굳게 붙잡고 그 시절을 통과할 때 그분의 은혜가 충분했다. 그분은 그 깊은 슬픔을 통해 나를 빚으시고 바로잡아 주셨다.

나는 이보다 훨씬 더 깊은 시련 속에서 같은 진리를 경험했노라 증언하는 이들을 보았다. 그렇다. 그리스도인은 시험 속에서 빚어지고 가장 큰 복을 발견한다. 따라서 시험을 피하면 정말 중요한 복을 놓친다.

나는 _____ 에 절하지 않겠다!

제자에게는 바로 이런 결단이 필요하다. 우리는 우리의 몸(과 커리어, 장래, 동료들 사이의 존경, 집, 은행 잔고)을 하나님이 기뻐하시는 거룩한 산 제사로 드려야 한다. 이것이 우리의 예배가 되어야 한다(롬 12:1). 결국 사드락, 메삭, 아벳느고가 느부갓네살에게 들은 말을 당신과 나도 들어야 한다.

그가 그의 천사를 보내사 자기를 의뢰하고 그들의
몸을 바쳐 왕의 명령을 거역하고 그 하나님밖에는
다른 신을 섬기지 아니하며 그에게 절하지 아니한
종들을 구원하셨도다(단 3:28).

세상으로부터 이런 말을 들으려면 '나 우선'의 우
상숭배를 거부해야 한다. 우리 문화가 숭배하고 우
리의 마음이 끌리는 우상들을 볼 수 있을 만큼 또렷
한 시각을 얻어야 한다. 싸워야 할 우상이 무엇인지
모르면 깨닫지 못한 채로 계속해서 그것을 숭배할
수밖에 없기 때문이다.

따라서 "_____에 절하지 않겠다"와
"_____할 때 절하지 않겠다"라는 문장
을 완성할 줄 알아야 한다(지금 잠깐 읽기를 멈추고 이 문장
을 어떻게 완성할지 생각해 보라). 때로는 주변 사람들에게
"절하지 않겠다"라고 말해야 한다.

우리는 그리스도인 삶에 대한 실용주의적이고 안
전제일주의적인 접근법을 거부해야 한다. 믿음은 치
러야 할 대가가 따름에도 불구하고 순종하는 것이

다. 다음과 같이 말하는 법을 배우라.

"하나님은 이미 나를 대부분의 맹렬한 풀무불에서 구원해 주셨습니다. 하나님은 내가 무슨 일을 당하고 무엇을 잃어도 그 상황에서 나를 구해 주실 수 있습니다. 하지만 설령 하나님이 나를 구해 주시지 않는다 해도 나는 결코 이 우상들을 숭배하지 않을 것입니다."

4

내가 내 일 하면,
하나님이
하나님 일 하신다

\# 인생을 죽음에서 건지는 역사

우리가 '다니엘의 하나님'을 진정으로 믿는지 알려면 이방 문화권에서 얼마나 확신 있게 복음을 전하는지를 보면 된다.

서구에서 불신자들에게 복음을 전하는 일은 한 세대 전, 아니 불과 몇 년 전보다도 훨씬 어려워졌다. 이웃이든 직장 동료든 대통령이든 왕이든 누구에게든 예수님 이야기를 꺼내기가 여간 힘든 것이 아니다. 서구의 기독교 유산이 급속도로 허물어지고 있기 때문이다. 그래서 요즘은 교회 이야기를 꺼내면 무관심이나 적대감을 흔히 경험할 수 있다. 복음에 관한 이야기를 꺼내려면 관심이나 예의가 아니라 적대감이나 거부와 맞닥뜨릴 각오로 해야 한다. 그래서 대부분의 그리스도인들이 복음을 전하지 않는다.

그렇게 복음을 전하지 않다 보니 주변 누구도 예수님을 영접하지 못한다. 결국 우리는 아무도 예수님을 영접하지 않을 것이라는 결론을 내려 버린다. 이렇게 우리의 침묵은 스스로 성취되는 예언이 된다.

이 답답한 상황에 맞는 답은 과연 무엇일까? 그것은 복음 전도에서 우리의 역할은 무엇이고 하나님의 역할은 무엇인지를 기억하는 것이다.

당신이 아는 가장 고집 센 무신론자를 생각해 보라. 복음을 철저히 거부하는 삶을 사는 사람을 생각해 보라. 아무리 생각해도 예수님 앞에 무릎을 꿇을 것 같지 않은 사람을 생각해 보라. 그 사람이 예수님을 구주로 영접하게 만들려면 어떻게 해야 할까?

겸손하게 하시는 하나님의 역사와 신실한 사람이 전하는 용감한 말이 필요할 것이다. 바로 이것이 느부갓네살이 하나님을 믿기까지의 과정이다. 바벨론 제국에서 가장 뜻밖의 신자, 아니 인류 역사상 가장 뜻밖의 신자인 느부갓네살이 어떻게 하나님을 받아들였는지 보자.

생명을 주시는 분

느부갓네살은 하나님이 자신의 삶에서 어떻게 역사하셨는지 직접 이야기를 해 준다. 그의 이야기는 이렇게 시작된다. "내 집에 편히 있으며 내 궁에서 평

강할 때에"(단 4:4). 그때 또다시 악몽이 그를 괴롭히기 시작했다. 그가 편안하게 잘 먹고 잘살 때 이 불청객이 그의 삶에 찾아왔다. 혈액 검사 결과를 알리는 의사의 전화 한 통처럼 이 꿈은 그의 삶을 뒤흔들었다.

이번에도 마술사들과 점쟁이들은 그 꿈의 의미를 말해 주지 못했다(변함없이 무능력한 모습을 보이는 이자들을 이제는 왕이 안 부를 줄 알았건만). 하지만 다니엘은 다시 한 번 꿈의 의미를 분간해서 왕에게 설명했다. "지극히 높으신 이가 명령하신 것이 내 주 왕에게 미칠 것이라 왕이 사람에게서 쫓겨나서 들짐승과 함께 살며 …… 지극히 높으신 이가 사람의 나라를 다스리시며 자기 뜻대로 그것을 누구에게든지 주시는 줄을 아시리이다"(단 4:24-25). 심판과 파멸의 메시지였다.

다니엘은 느부갓네살에게 어떻게 해야 하는지 알려 주었다. "그런즉 왕이여 내가 아뢰는 것을 받으시고 공의를 행함으로 죄를 사하고 가난한 자를 긍휼히 여김으로 죄악을 사하소서 그리하시면 왕의 평안함이 혹시 장구하리이다"(단 4:27).

"당신은 왕이지만 겸손히 자신을 낮춰 회개하십시오. 그러면 하나님이 궁휼을 베푸사 교만한 왕에게 심판을 내리시지 않을지도 모릅니다."

하지만 느부갓네살은 다니엘의 권고를 따르지 않았다.

이 모든 일이 다 나 느부갓네살왕에게
임하였느니라 열두 달이 지난 후에 내가 바벨론
왕궁 지붕에서 거닐새 나 왕이 말하여 이르되 이
큰 바벨론은 내가 능력과 권세로 건설하여 나의
도성으로 삼고 이것으로 내 위엄의 영광을 나타낸
것이 아니냐 하였더니 …… 네가 사람에게서
쫓겨나서 들짐승과 함께 살면서 소처럼 풀을
먹을 것이요 이와 같이 일곱 때를 지내서 지극히
높으신 이가 사람의 나라를 다스리시며 자기의
뜻대로 그것을 누구에게든지 주시는 줄을
알기까지 이르리라 하더라 바로 그때에 이 일이
나 느부갓네살에게 응하므로 내가 사람에게
쫓겨나서 소처럼 풀을 먹으며 몸이 하늘 이슬에

젖고 머리털이 독수리 털과 같이 자랐고 손톱은 새 발톱과 같이 되었더라(단 4:28-30, 32-33).

왜 이 모든 일이 느부갓네살에게 임하였을까? 그가 하나님의 메시지를 무시하고 기회를 거부했기 때문이다. 하나님은 긍휼을 베푸사 이 일이 일어나기 전까지 열두 달의 말미를 주셨다. 하나님은 꾸짖기를 더디 하시고 복을 주시기에 빠른 분이시다. 바울의 말처럼 하나님의 인자하심은 사람들을 회개로 이끄시기 위함이다(롬 2:4).

하지만 회개하지 않는 교만은 결국 몰락에 이른다. 승리에 한껏 취해 교만이 극에 달해 있던 순간, 느부갓네살은 무시무시한 말을 들었다. 자신의 나라뿐 아니라 온전한 정신까지 빼앗길 것이라는 경고의 메시지였다. 그의 마음이 하늘을 찌를 때 하나님은 그를 밑바닥까지 끌어내리셨다.

하나님은 왜 이렇게 하신 것일까? 그를 진정으로 높이시기 위해서였다. 장 칼뱅은 하나님이 느부갓네살의 경우처럼 우리 삶에서 역사하시는 방식을 설명하면서 이렇게 썼다. "그래서 하나님은 우리를 회개로 이끌기를 원하실 때 마지못해 우리를 반복적으로 치신다." 하나님이 우리를 치시면 매우 고통스럽다. 하지만 그 목적은 영광스럽다. 사람을 회개와 구원으로 이끄시려고 그리하시기 때문이다.

바로 이것이 하나님이 느부갓네살의 삶에서 행하신 역사다. 느부갓네살은 교만으로 가득 찬 사람이었다. 그래서 그만큼 하나님이 많이 쳐서 콧대를 꺾으셔야 했다. 하나님은 왜 굳이 그렇게 하셨을까? 느부갓네살이 특별했기 때문이 아니라, 하나님이 긍휼이 많으신 분이기 때문이다. 하나님은 느부갓네살에게 그가 자족하고 전능한 군주가 아니라 사실은 낮고 부족하고 연약한 피조물이라는 사실을 일깨워 주셨다. 그리고 이 낮고 천하고 고통스러운 자리에 이르러서야 마침내 느부갓네살은 회심한다.

하늘을 우러러 보았더니 내 총명이 다시
내게로 돌아온지라 이에 내가 지극히 높으신
이에게 감사하며 영생하시는 이를 찬양하고

경배하였나니 그 권세는 영원한 권세요 그 나라는
대대에 이르리로다 땅의 모든 사람들을 없는
것같이 여기시며 하늘의 군대에게든지 땅의
사람에게든지 그는 자기 뜻대로 행하시나니
그의 손을 금하든지 혹시 이르기를 네가 무엇을
하느냐고 할 자가 아무도 없도다(단 4:34-35).

하나님은 가져가셨던 것을 되돌려 주셨다. 느부
갓네살은 자신의 나라를 돌려받았다. 하지만 교만만
큼은 돌려받지 않았다. "하나님은 나보다 무한히 크
시다. 오직 하나님만이 왕이시다. 나는 그분의 발치
조차 따라갈 수 없다." 드높았던 교만이 찬양에 자리
를 내주었다.

바벨론의 모든 참모와 권세가들이 정신과 보좌
를 회복한 왕을 보고 "폐하께서 예전처럼 돌아오셔
서 너무 좋습니다"라고 아부하는 장면을 상상해 볼
수 있다. 하지만 느부갓네살은 고개를 내젓는다. "아
니다. 나는 결코 예전의 내가 아니다. 이제 하나님이
나보다 크시다는 것을 안다. 주권은 내가 아닌 하나

님께 있다. 나를 잘 보라. 교만하게 행하는 자를 그가 능히 낮추심이라."

하나님은 이 위대한 왕을 겸손하게 낮추신 다음 완전히 변화시켜 다시 높여 주셨다. 그래서 이제 느부갓네살은 모든 사람을 불러 하나님의 역사를 돌아보며 말했다. "내가 만인에게 무엇을 알게 하고 싶으냐면……."

바벨론 시민들은 이 문장이 어떻게 끝날 것이라 예상했을까?

"내 웅장한 건물을 만인이 알게 하고 싶다."

"내 공중정원을 만인이 알게 하고 싶다."

"내 군대가 얼마나 강한지 만인이 알게 하고 싶다."

아니다. 느부갓네살은 이렇게 말했다. "지극히 높으신 하나님이 내게 행하신 이적과 놀라운 일을 내가 알게 하기를 즐겨 하노라"(단 4:2).

하나님의 이적, 하나님이 행하신 놀라운 일 등 주권적인 하나님의 손에 낮아졌다가 높아지면 자신보다 그분에 관해서 더 많이 말하게 된다.

느부갓네살 같은 사람이 믿음을 갖기 위해서는

무엇이 필요한가? 삶에서 하나님의 역사가 나타나야 한다. 그리고 하나님의 역사 가운데 일부는 다니엘의 말을 통해 이루어졌다.

연민으로, 확신에 차서, 진실을 말하다

느부갓네살이 꿈을 꾼 뒤에 다니엘이 그에게 불려간 장면으로 되돌아가 보자. 고향에서 억지로 끌려와 느부갓네살이 비이성적으로 표출하는 분노 때문에 거의 죽을 뻔했고, 친구들이 맹렬히 타오르는 풀무불에 던져지는 참혹한 광경을 봐야 했던 다니엘. 그는 그 꿈이 왕에게 닥칠 심판의 약속이라는 사실을 깨달았다. 그런데 놀라운 일이 벌어졌다.

벨드사살이라 이름한 다니엘이 한동안 놀라며
마음으로 번민하는지라 …… 벨드사살이
대답하여 이르되 내 주여 그 꿈은 왕을 미워하는
자에게 응하며 그 해석은 왕의 대적에게 응하기를

원하나이다(단 4:19).

　다니엘은 왕이 이 끔찍한 형벌과 굴욕을 당하는
것이 하나도 기쁘지 않았다. 복수할 마음 같은 건 털
끝만큼도 없었다. "나를 그렇게 괴롭히더니 꼴좋군
요! 내 친구들을 죽이려고 하더니 이제 죗값을 치르
게 생겼군요!"

　다니엘은 이와 정반대로 말했다. "무슨 일이 일어
날지 알려 드리겠지만 왕께 그런 일이 일어나지 않
았으면 좋겠습니다."

　다니엘은 심판이 다가온다고 쾌재를 부르지 않았
다. 오히려 심판을 당할 그 사람에게 연민을 느꼈다.
그리고 그 연민은 그가 입을 열어 말하게 했다. 그는
'공의를 행함으로 죄를 사하고 가난한 자를 긍휼히
여김으로 죄악을 사하지'(단 4:27) 않으면 어떤 일이 일
어날지 경고하고 "지극히 높으신 이가 사람의 나라
를 다스리시며 자기의 뜻대로 그것을 누구에게든지
주시는 줄을"(단 4:25) 알라고 촉구했다.

　다니엘은 느부갓네살이 불쌍하다고 위로하지 않

았다. 연민하는 마음으로 그는 권력자에게 진실을 말하고 굴욕을 당하기 전에 회개하라고 촉구했다. 다니엘은 앙갚음을 하지도 않았고, 느부갓네살이 망하도록 조용히 입을 다물고 있지도 않았다. 그는 느부갓네살에게 꿈이 아직 꿈일 때 교만을 회개하고 하나님 앞에 무릎을 꿇으라고 촉구했다.

다니엘은 심지어 적이라도 하나님의 심판을 당하지 않기를 바랄 정도로 그분의 심판을 두려워했다. 또한 그는 이 위대한 왕에게 회개를 촉구할 만큼 하나님의 권능과 긍휼을 확신했다.

다니엘은 아무 말도 하지 않고 모르는 체 넘어갈 수도 있었다. 그곳은 머나먼 외국 땅이었고, 그의 앞에 있는 자는 하나님에게 적대적인 왕이었으니까 말이다. 하지만 그는 연민하는 마음으로 확신에 차서 진실을 말했다. 왜일까? 복음 전도에서 하나님의 역할과 자신의 역할을 잘 알았기 때문이다. 우리도 그래야만 한다.

내 역할과 하나님의 역할

내 친구 리코 타이스는 *Honest Evangelism*(솔직한 전도)이라는 책에서 우리가 복음을 전하려고 할 때 흔히 하는 생각을 정확히 꼬집었다.

실제로 전도를 할 때 문제는 전도가 통하지가
않는다는 것이다. 성공하지 못한다. 사람들은
예수님을 영접하지 않는다. 다른 문제는 우리가
잘못 전도할 수 있다는 것이다. 우리는 전도에
서투르다. …… 이렇게 생각한다면 맞는
생각이다. 당신의 전도로는 누구도 그리스도를
영접하게 만들 수 없다. 그리고 당신의 전도는
누군가를 구원할 만큼 훌륭하지 못하다. 그런데
그거 아는가? 당신이 전도를 잘할 필요가 없다.
전도의 성공 여부는 당신 몫이 아니다. 복음
전도에서 가장 큰 자유는, 우리의 역할이 무엇이고

하나님의 역할이 무엇인지 깨달을 때 찾아온다.[*]

그렇다면 우리가 감당할 역할은 무엇인가. 우리
는 복음을 선포하는 일에 충성을 다하면 된다. 그렇
다면 하나님의 역할은? 그것은 그분의 종들이 말하는
것을 통해 주권적으로, 긍휼히 역사하시는 것이다.
바로 이것이 우리가 다니엘서 4장에서 볼 수 있는 역
학이다. 아니, 성경 전체에서 볼 수 있는 역학이다.

아마도 가장 분명한 사례는 사도 바울이 빌립보
라는 헬라 도시에서 경험한 일일 것이다. 그곳에서
의 첫 안식일에 그는 "안식일에 …… 기도할 곳이 있
을까 하여 문밖 강가에 나가 거기 앉아서 모인 여자
들에게 말"(행 16:13)을 걸었다. 그중 한 여성은 루디아
라는 이름의 성공한 사업가였다.

주께서 그 마음을 열어 바울의 말을 따르게

---

[*] Rico Tice, *Honest Evangelism* (The Good Book Company, 2015), p. 62.

하신지라(행 16:14).

바울의 역할은 그 여성에게 복음을 전하는 것이었다. 하나님의 역할은 그 여성이 복음을 전해 줄 그리스도인을 만날 수 있는 곳으로 가고, 그 복음을 회개와 믿음으로 받아들이도록 그 마음을 열어 주신 것이었다. 존 스토트는 이 구절에 관해 다음과 같이 말했다.

> 그 메시지는 바울의 것이었지만 구원의 역사는 하나님의 것이었다. 바울의 설교 자체는 효과가 없었다. 하나님이 그 설교를 통해 역사하셨을 뿐이다.[*]

왕이든 사업가든 하나님은 복음을 들을 수 있는 곳으로 사람을 이끄시고, 그가 복음을 받아들여 회

---

[*] John Stott, *The Message of Acts* (IVP UK/IVP Academic, 1991), p. 263. 존 스토트, 《사도행전》(IVP 역간).

개와 믿음으로 복음에 반응하도록 역사하신다. 계속해서 리코의 말을 들어 보자.

당신이 아는 사람 중에 그리스도를 영접할 가능성이 가장 낮아 보이는 사람을 생각해 보라. 그런 다음, 처음 빛을 창조하신 권능을 생각해 보라. 하나님이 그 사람을 믿음으로 이끄실 수 없다고 생각하는가? 성령이 그의 마음을 변화시키실 수 없다고 생각하는가? 성령의 능력을 생각한다면 사무실이나 거리, 현관을 지나 누군가에게 예수님을 전하기 위한 확신을 얻어야 마땅하다. …… 누군가에게 예수님을 전하는 것이 나의 일이요 당신의 일이다. 예수님이 어떤 분이시며 어디에서 오셨고 그것이 그에게 무슨 의미인지를 말해 주는 것이 우리가 맡은 역할이다. 그가 반응하도록 만드는 것은 우리 몫이 아니다. 눈먼 자의 눈을 여시는 것은 하나님이시다. 우리는 그저 메시지를 전할 뿐이다. 그리고 하나님께

기적을 일으켜 달라고 기도할 뿐이다.[*]

자, 당신이 아는 사람 중에 그리스도를 영접할 가능성이 가장 낮아 보이는 사람은 누구인가? 어떤 이름이 떠오르는가? 한동안 내 대답은 스코틀랜드에 있을 때 알던 한 남자의 이름이었다. 여기서는 그냥 앤드류(가명)라고 부르겠다.

하나님만 인간의 마음을 여실 수 있다

앤드류는 물리학자로, 내가 목회하던 교회에서 그리 멀지 않은 곳에서 일했다. 그의 아내는 우리 교회에서 운영하는 아동 프로그램에 딸아이 셋을 데리고 나오기 시작했다. 나는 그녀의 집을 심방했을 때 처음 앤드류를 만났다.

---

[*] Rico Tice, *Honest Evangelism* (The Good Book Company, 2015), pp. 63-64.

앤드류는 공손했지만 기독교에 크게 거부감을 보였다. 그는 아내와 딸들이 교회에 나가는 것은 좋다고 생각하지만 자신은 종교 따위에 눈곱만큼도 관심이 없다는 뜻을 분명히 밝혔다. 그는 회심할 가능성이 거의 없어 보이는 사람들 가운데 한 명이었다.

그래도 나는 그의 집에 기독교 신앙을 소개하는 작은 책자 하나를 두고 왔는데 뜻밖에도 그가 가족과 함께 교회에 나오기 시작했다. 하지만 여전히 그는 설교 시간에 나를 쳐다보지 않았다. 시간이 지나도 아무런 변화도 없어 보였다. 그러던 중 그의 아내가 임신을 했다. 이번에는 아들이었고 부부는 아기에게 조지라는 이름을 지어 주었다.

그런데 안타깝게도 조지는 생명을 위협하는 선천성 심장질환을 안고 태어났다. 어린 조지가 수술을 할 수 있을 나이까지 살 수 있게 해 달라고 온 교인이 합심해서 기도했다. 그래서 조지의 아버지 앤드류가 이 일로 하나님의 역사에 감사함으로 무릎을 꿇고 그분을 예배하게 해 달라고 간절히 기도했다.

하지만 조지는 결국 하늘나라로 갔다. 나는 장례

식을 인도했고, 우리는 조지의 작은 몸을 작은 관에 넣어 땅에 묻었다. 이제 앤드류는 스코틀랜드에서 가장 회심하기 어려운 사람이 되었다. 그렇지 않아도 복음에 전혀 관심이 없고 하나님의 필요성을 느끼지 못하는 사람이었던 데다 온 교인이 열렬히 기도해도 아들이 죽는 경험까지 했으니까 말이다.

그런데 정말 놀랍게도 앤드류는 계속해서 교회에 나왔다. 어느 주일 나는 시편 23편 3절을 본문으로 설교를 했다. 설교를 마치고 기독교 역사상 그 구절을 설명하려는 최악의 시도였다며 자책하고 있는데 앤드류가 찾아와 말했다.

"무슨 뜻인지 알겠습니다. (충격이었다. 설교자인 나도 온전히 이해하지 못한 구절을 이해했다니!) 지금 저한테는 오직 하나님만이 주실 수 있는 의가 필요합니다."

갓난아기를 땅에 묻고 얼마 지나지 않은 그날, 우리는 이 남자에게 세례를 베풀었다.

그로부터 오랜 세월이 지난 지금, 나는 '하나님이 누군가를 믿음으로 인도하실 수 있을까?' 하는 의심이 들 때마다 스코틀랜드의 그 물리학자를 떠올린다. 그리고 내 역할을 기억한다. 내 역할은 단순히 기회가 생기는 대로 연민의 마음으로 확신을 가지고서 복음의 진리를 전하고, 하나님께 상대방의 마음을 열어 달라고 기도하는 것이다. 누군가가 귀로 들은 복음의 메시지를 믿는 기적은 오직 하나님만이 하실 수 있는 일이다.

당신의 하나님은 너무 작은가

70년 전 J. B. 필립스가 쓴 《당신의 하나님은 너무 작다》는 출간되자마자 기독교 고전의 반열에 올랐다.[*]

이 책에서 필립스는 신자들 사이에서 흔히 볼 수 있는 하나님에 관한 빈약한 관념들을 탐구한다. 그는 그런 관념이 하나님에 대한 모욕일 뿐 아니라, 우

---

[*] J. B. Phillips, *Your God Is Too Small* (Touchstone, 2004). J. B. 필립스, 《당신의 하나님은 너무 작다》(아바서원 역간).

리가 하나님을 제대로 따르고 섬기지 못하게 만든다고 말한다. 계속해서 그는 성경에 계시된 하나님의 위대하심을 보여 준다.

필립스가 처음 그 책을 출간한 지 70년이 지난 지금, 서구의 많은 교회와 문화에서 하나님에 관한 관념은 더더욱 작아졌다. 우리는 하나님의 능력을 의심한다. 그분의 통치를 의심한다. 그분이 불신자들을 믿음으로 불러 그분의 나라를 세우실 수 있을까 의심한다. 우리는 마치 현대 세속주의의 세력들이 창조주 하나님을 이기고 그분의 교회를 소멸시킬 수 있을 것처럼 분노하거나 두려움에 떤다. 그리고 점점 입을 열어 복음 전도하는 일을 하지 않는다.

하나님의 진짜 모습에 대한 비전을 회복하자. 하나님은 바벨론의 왕을 밑바닥까지 끌어내리셨다가 다시 높여 그분을 찬양하고 예배하게 만들 만한 능력이 있으신 분이다. 다니엘은 이것을 분명히 알았기에 연민하는 마음으로 확신에 차서 느부갓네살왕에게 진실을 말했다. 하나님은 빌립보 외곽에 있는 한 강둑에서 한 여자 사업가의 마음을 열어 그분의 아들을 믿게 하실 능력이 있으신 분이다. 바울은 이 것을 분명히 알았기에 루디아에게 복음을 전했다. 하나님은 우리 시대에도 우리 주변 사람들의 삶에 역사하여 복음을 듣고 반응하게 마음을 여실 수 있는 분이다.

당신의 하나님은 크신 분인가? 하나님이 이런 일을 행하실 수 있는 분이라는 사실을 기억한다면 주변 사람들을 위해 기도하고 그들에게 복음을 전하게 될 것이다. 다니엘처럼 그들의 냉담한 태도나 적대감을 무릅쓰고 당신의 입술을 통해 진리를 전할 것이다.

복음을 반대하고 하나님을 조롱하고 그분의 백성을 비방하는 자들이라도 그들이 하나님의 최종적이고도 영원한 심판을 맞을 것이라는 사실을 생각하면 결코 유쾌하지 않다. 따라서 우리는 그 심판에 관한 경고를 대충 넘기지 말아야 한다.

사람들이 정말 훌륭하지만 하나님은 그런 타고난 훌륭함에 한두 가지 업그레이드를 해 주실 수 있다는 식으로 복음을 변질시키지 말아야 한다. 우리가 얼마나 형편없는지, 우리에게 하나님의 긍휼이 얼마나 필요한지, 우리가 긍휼을 받을 자격이 얼마나 없는지, 하지만 하나님이 얼마나 변함없이 긍휼을 베풀어 주시는지 가감 없이 전해야 한다.

복음은 "나는 약간 불안감이 있어서 평강이 필요했다" 혹은 "나는 약간 길을 잃어서 삶의 방향 지도가 조금 필요했다" 혹은 "나는 재정적으로 조금 쪼들려서 약간의 현금이 필요했다"라는 것이 아니다. 복음은 "나는 눈이 멀었지만 이제 볼 수 있다"라는 것이다. 복음은 "나는 영원한 심판을 앞두고 있었지만 교만해서 그것을 보지 못했다. 하지만 하나님이 나를 낮춰 내 안타까운 상황을 보게 하시고 긍휼을 베풀어 주셨다"라는 것이다.

이것이 우리의 메시지가 된다면 다니엘의 이야기에서처럼 하나님은 우리의 말과 그분의 직접적인 역사를 통해 누군가, 아니 누구든 회개와 믿음으로 이끄실 만큼 충분히 크신 분이다. 왕, 대통령, 수상, 아니 그 누구라도 회심이 가능하다. 당신이 일하는 직장에서 가장 지독한 무신론자 동료, 복음에 가장 적대적이거나 가장 무관심한 이웃 등 누구든 다 가능하다.

당신과 나의 역할은 사람들을 회심시키는 것이 아니다. 우리는 그저 복음을 전하기만 하면 된다. 하나님은 그분의 교회를 세우겠다는 주권적인 계획에 따라 나머지 일을 해 주실 만큼 충분히 크시다.

5

화려한 허울 너머,
진짜 현실을
간파하라

\# 매일같이 잔치가 벌어지는 세상의 실체

하나님이 손가락 하나만 드셔도 모든 것이 변한다.

다니엘서 4장과 5장 사이에는 약 30년의 시간 간격이 있는 것으로 보인다. 그 사이에 많은 것이 망각의 늪으로 빠져들었다. 느부갓네살은 세상을 떠났고, 지금 옥좌에 앉아 있는 통치자는 벨사살이라는 이름의 인물이다. 그는 나보니두스의 아들이며, 느부갓네살의 갓난 손자에게서 왕위를 찬탈한 그의 아버지와 일종의 공동 통치를 했던 것으로 보인다(다니엘서 5장 2절에서 느부갓네살이 벨사살의 "부친"으로 나오는 것은 단순히 '매우 중요한 전임자'라는 뜻이다).

5장 도입부에서 벨사살은 자신이 세상에서 가장 인기 있고 안정적이고 성공한 인물이라는 생각에 도취되어 자신의 위대함을 축하하기 위한 성대한 잔치를 연다. 이런 행사라면 으레 그렇듯 술이 빠지지 않았다(단 5:1-2). 이 잔치는 화려함과 사치의 극치를 보여 주었다. 모두가 술에 취해 제정신과 품위를 내던졌다. 무엇보다도 이 호화스럽고 사치스러운 술잔치 현장에는 지극히 높으신 하나님에 대한 경외 같은 건 없었다.

벨사살은 그저 자신의 위대함을 뽐낼 뿐이었다. 술이 거나하게 취해 그는 이렇게 명령한다. "[느부갓네살이] 예루살렘 성전에서 약탈해 온 금, 은 그릇을 가져오라."

"왕과 귀족들과 왕후들과 후궁들이 다 그것으로 마시려 함이었"(단 5:2)다. 그리고 실제로 그들은 그렇게 했다. 당시는 살아 계신 하나님의 성전에서 이 성물들을 훔쳐와 바벨론 왕궁의 소유로 가지고 있은 지 30년쯤 지난 때였다. 만취한 바벨론 왕은 오만함과 불경함의 수준을 한 단계 더 끌어올려, 창조주 하나님을 예배하기 위해 만든 용기들을 "금, 은, 구리, 쇠, 나무, 돌로 만든 신들을 찬양하"는 데 사용하기에 이른다(단 5:4).

이 연회는 교만과 신성모독과 우상숭배의 끝판왕이었다. 벨사살은 자기 백성을 이끌고 이렇게 말하고 있었다. "자, 우리는 너희 하나님을 이렇게 우습게 생각한다. 너희 하나님의 능력과 임재를 상징한다는 이 그릇들에 술을 따라 우리 신들에게 건배를 하고 있지."

당신이 이 잔치에 초대받은 천 명 가운데 한 사람이라고 상상해 보라. 모든 사람이 가장 상석을 올려다보며 아부를 떤다. "오, 벨사살왕이시여, 얼마나 놀라운 분이신지요! 얼마나 강하고 훌륭하고 부유한 분이신지요! 세상에 다시없을 위대한 통치자이십니다!"

여기 자신의 성공에 취해 하나님을 조롱하고, 그분의 선물을 이용해 창조주에 반역하고 독립을 선언하는 인물이 있다. 하지만 그가 조롱하는 하나님이 손가락 하나만 드셔도 모든 것이 달라진다.

하나님이 손가락을 드시다

벨사살이 하나님의 성전에서 약탈해 온 그릇을 높이 들어 자신의 위대함(과 만취함)과 자기가 만든 신들의 우월성을 선포하는 순간 다음과 같은 일이 벌어졌다.

그때에 사람의 손가락들이 나타나서 왕궁 촛대

맞은편 석회벽에 글자를 쓰는데 왕이 그 글자
쓰는 손가락을 본지라 이에 왕의 즐기던 얼굴빛이
변하고 그 생각이 번민하여 넓적다리 마디가 녹는
듯하고 그의 무릎이 서로 부딪친지라(단 5:5-6).

실로 놀라운 순간이다. 엄선한 천 명 앞에서 온
세상을 통제하는 것처럼 보이던 벨사살. 그야말로
세상 꼭대기에 선 인물이다. 하지만 그렇게 보이는
상황을 완전히 뒤집는 데 하나님이 손가락을 한 번
움직이시는 것만으로도 충분하다.

벽에 글씨가 나타나고 그 의미를 해석하기까지
는 많은 일이 일어난다. 나중에 그 사이에 있는 구절
들을 다시 살펴볼 것이다. 일단 지금은 25절을 보자.
25절에는 벨사살이 벽에서 본 글씨의 내용을 기록했
다. 세 글자는 단순히 세고 또 세고 저울에 달아 본다
는 뜻이다. 하지만 여기에는 벨사살에 관한 무시무
시한 메시지가 담겨 있었다.

- 메네, 메네 하나님이 벨사살의 통치, 정확히는

그의 나라 자체의 날을 세셨다.

* 데겔 벨사살의 무게를 재었더니 부족한 것으로 드러났다.

* 베레스 벨사살의 나라가 이미 메데와 바사에게 넘겨졌다.

이어서 이 장에서 가장 소름 끼치는 단어가 등장한다. "그날 밤에"(단 5:30). 바로 그날 밤에, 벨사살이 자신의 힘을 뽐내고 자신의 높은 지위가 안전하다고 자신하며 하나님을 예배하기는커녕 조롱하던 그 순간에 "갈대아 왕 벨사살이 죽임을 당하였고 메대 사람 다리오가 나라를 얻었"다(단 5:30).

벨사살이 잔치를 즐기는 동안 메데-바사의 병사들은 성으로 잠입할 길을 뚫고 있었다. 고대 페르시아(바사) 역사가 크세노폰은, 다리오의 병사들이 유프라테스강에서 바벨론 성벽 아래로 흐르는 부분을 막았다고 기록한다. 병사들은 그렇게 만들어진 습지를 통해 머리만 물 위로 내놓은 채 강을 걸어서 건너갈 수 있었다. 병사들은 성벽 아래 얕은 물을 통과해

성과 왕궁으로 잠입하여 왕을 죽였다. 벨사살이 자신이 모든 것을 통제한다고 호언장담하는 동안 그의 성벽은 뚫리고 있었다. "그날 밤에."

벨사살은 "오, 벨(바벨론의 주신[主神]인 므로닥)이시여, 왕을 보호하소서"라는 뜻이다. 이 얼마나 아이러니인가. 그가 자신의 자치를 선포하는 중에 그의 심판은 이미 시작되고 있었다.

잔치를 벌이는 세상

벨사살과 귀족들의 잔치를 보면 우리의 모습을 보는 듯하다. 지금 우리 문화는 성공을 자축하느라 바쁘다. 세상은 창조주 하나님으로부터 독립해 자치하고 있음을 선포하고, 성경의 하나님과 그분의 도는 더 이상 필요하지 않다고 외친다. 부유한 서구 문명은 내내 잔치를 열며, 하나님이 부어 주신 모든 선물을 오히려 그분을 무시하고 그분의 명령을 조롱하는 데 사용한다.

코로나19 팬데믹이 불러온 제약에도 불구하고 모든 도시에서 사람들은 자신들의 위대함을 선포하고 자신들의 성취를 뽐내는 파티와 행사를 열고 있다. 자신들을 지으시고 자신에게 모든 선물, 심지어 생명까지 주시는 하나님이 계시다는 사실을 깨닫지 못한 채 흥청망청 쾌락에 빠져 있다.

하지만 벨사살의 시대와 마찬가지로 이 시대에도 심판은 이미 시작되었다. 벨사살은 바울이 로마서 1장에서 기술한 인류에 대한 일반적인 법칙을 생생하게 보여 주는 예라고 할 수 있다.

하나님의 진노가 불의로 진리를 막는 사람들의
모든 경건하지 않음과 불의에 대하여 하늘로부터
나타나나니 이는 하나님을 알 만한 것이 그들
속에 보임이라 하나님께서 이를 그들에게
보이셨느니라 창세로부터 그의 보이지 아니하는
것들 곧 그의 영원하신 능력과 신성이 그가 만드신
만물에 분명히 보여 알려졌나니 그러므로 그들이
핑계하지 못할지니라 하나님을 알되 하나님을

영화롭게도 아니하며 감사하지도 아니하고

오히려 그 생각이 허망하여지며 미련한 마음이

어두워졌나니(롬 1:18-21).

우리 모두는 하나님에 관해 아는 진리를 본능적으로 억누른다. 눈을 열어 보기만 하면 우리 주변에서 매일같이 이 진리를 확인할 수 있다. 따라서 우리가 하나님을 모른다면 그것은 우리가 그러기로 선택했기 때문이다. 벨사살은 그날 밤 잔치에서 술에 취해 현실을 보는 시각이 일그러진 것이 아니다. 정반대다. 현실을 보는 그의 시각이 일그러졌기 때문에 그가 그런 잔치를 열어 술에 취했던 것이다.

하나님에 관해 알 수 있는 것들은 모든 사람에게 분명히 드러나 있다. 하나님이 그것들을 모든 사람에게 보여 주셨기 때문이다. 피조세계를 보기만 해도 하나님의 보이지 않는 속성들 즉 그분의 능력과 신성을 볼 수 있다.

다시 말해, 무신론은 선택의 문제다. 무신론은 하나님께 반역하기로 스스로 선택한 것이다. 어리석은 자들은 진리에 눈을 닫고서 하나님이 없다고 말하며, 그런 신념 위에 자신의 삶을 짓는다.

따라서 이 시대는 어떤 면에서 창세기 3장 혹은 다니엘서 5장 첫머리의 상황과 크게 다르지 않다. 우리는 하나님이 주신 것들을 취하면서 그분 혹은 그분의 도가 싫다고, 그래서 그분을 믿지 않을 것이라고 선언한다.

우리는 우리가 뭘 해도 잘했다고 칭찬해 주는 하나님을 원한다. 우리 마음대로 주무를 수 있는 하나님을 원한다. 언제든지 우리가 원하는 대로 바꾸거나 버릴 수 있는 하나님을 원한다. 우리가 응답해야 하는 하나님이 아니라, 우리에게 응답하는 하나님을 원한다. 이것은 현대의 시각일 뿐 아니라 바로 다니엘서 5장 당시의 시각이기도 하다. 우리는 그저 신들의 이름만 바꾸었을 뿐이다.

그리고 하나님은 당시 다니엘을 통해 벨사살에게 하셨던 말씀을 지금 우리 모두에게도 하고 계신다. "나중에 몰랐다고 변명해 봐야 소용없다. 피조세계를 보라. 피조세계에 가득한 내 역사를 보라.

역사를 돌아보아 과거에 나타났던 내 역사를 보라. 네 가문의 유산 속에도 내 역사가 가득하다. 너는 이 모든 것을 알고도 나를 무시하고 조롱하기로 선택한 것이다."

그래서 심판이 시작되었다. (그 옛날 벨사살이 성전에서 훔쳐온 그릇을 자기 입술에 대면서 그랬던 것처럼) 우리 문화는 이 개념에 코웃음을 치지만 "주의 강림이 가까우니라 …… 보라 심판주가 문밖에 서 계시니라"(약 5:8-9)라는 사실은 바뀌지 않는다. 바사 군대가 벨사살 성문 앞에 있었던 것처럼 이 세상의 문 밖에 서 계신 예수님이 곧 들어오실 것이다. 이 글씨는 벽, 아니 빈 무덤에 쓰여 있다. "하나님이 …… 이제는 어디든지 사람에게 다 명하사 회개하라 하셨으니 이는 정하신 사람으로 하여금 천하를 공의로 심판할 날을 작정하시고 이에 그를 죽은 자 가운데서 다시 살리신 것으로 모든 사람에게 믿을 만한 증거를 주셨음이니라"(행 17:30-31).

하나님은 예수님의 부활을 보여 주심으로써 창조주에 반해 자치를 선포한 이 세상에 의의 심판을 내리리라 선포하셨다. 정확한 날짜는 알 수 없지만 하나님은 분명 심판을 행하실 것이며, 그 날짜는 하나님의 일정표에 기록되어 있다.

하나님이 손가락을 한 번 들기만 하시면 문이 열리고 그 날이 다가올 것이다. 그 날은 전혀 예상치도 못한 순간에 찾아올 것이다. 하지만 아무도 경고를 받은 적이 없다고 발뺌하지 못한다. 창조의 증거와 빈 무덤의 증거면 충분하고도 남기 때문이다.

이 사실을 기억한다면 세상이 아무리 성공을 자랑하고 하나님으로부터의 독립과 자치를 선언한다 해도 우리가 사는 방식은 달라져야 한다.

자, 벨사살의 잔치에 초대받지 못한 한 노인이 있다. 이제 이 사건에서 그의 역할을 살펴볼 차례다.

다시 중앙 무대로

다니엘은 느부갓네살왕이 다스리던 바벨론제국에서 최고의 자리에 올랐다. 하지만 이제 벨사살왕은 그가 누구인지조차 몰랐다. 그의 어머니는 이제 백발이 성성해진 이 유다 사람을 언급할 때 이름조차 부르지 않았다. "왕의 나라에 거룩한 신들의 영이 있는 사람이 있으니 곧 왕의 부친 때에 있던 자로서 명철과 총명과 지혜가 신들의 지혜와 같은 자니이다"(단 5:11).

벨사살의 어머니는 다니엘을 기억했지만 그가 믿는 하나님은 까마득히 잊어버렸다. 그래서 그를 이교도의 세계관을 통해서만 볼 뿐이었다. 바벨론 엘리트들 사이에서 다니엘의 하나님은 유행이 지난 퇴물일 뿐이었다. 새로운 체제에서 다니엘은 경계선 밖으로 완전히 밀려나 이름조차 기억되지 않는 인물이었다.

하지만 바벨론의 현자들은 실질적인 지혜를 내놓지 못하는 허수아비들이라는 사실이 또다시 만천하에 드러났다. 그리하여 다니엘은 다시 왕궁으로 불려 간다. 그때 그가 어디서 무엇을 하고 있었는지는 기록이 없다. 다만 당시 그의 나이는 80대였던 것이 분명하다. 그렇다면 한가로운 시골길에서 강아지와 산책을 하거나 흔들의자에 앉아 쉬고 있지 않았을까? 그때 왕궁에서 보낸 사람들이 그를 찾아왔다.

"이보게, 다니엘. 아직도 수수께끼를 잘 푸는가? 한동안 하지 않았다고 들었는데 아직 할 줄 알겠지?"

"무슨 일인가?"

"왕께서 왕궁에서 너무 놀라 거의 기절하실 뻔했네. 글쎄, 벽에 손으로 쓴 글씨가 나타났지 뭔가. 태후께서 자네를 데려오라고 왕께 귀띔하셨네. 자, 어서 함께 가세."

그리하여 이 혼란에 빠진 왕과 나이 지긋한 하나님의 사람 사이에서 대화가 오간다. 정말 황당한 사실은 벨사살이 이 지경이 되고서도 여전히 교만이 철철 넘친다는 것이다. 그는 다니엘을 현자로 부르지도 않고 그가 온 것에 감사하지도 않았다.

그는 다니엘을 "나의 부왕이 유다에서 사로잡아 온 유다 자손 중의 그 다니엘"이라고(단 5:13) 불렀다. 여전히 자신이 모든 것을 통제하는 존재라는 말투다. 이는 다니엘을 자신의 궁전에 두기 위해 허세를 부리는 것이었다. 이어서 그는 이렇게 덧붙였다.

"내가 알고 싶은 것을 말해 주면 네게 상상도 못할 부귀영화를 주겠노라." 장 칼뱅은 벨사살왕이 다니엘을 마치 죄수에게 하문하듯 대했다고 말한다. 그는 자신이 궁금해하는 것을 답해 줄 사람을 만나고서도 그를 깔보는 투로 교만하게 말했다.

하지만 다니엘은 전혀 흔들리지 않았다. "왕의 예물은 왕이 친히 가지시며 왕의 상급은 다른 사람에게 주옵소서"(단 5:17). 이는 "그냥 갖고 계시지요. 금목걸이 따위는 필요하지 않습니다"라는 말이다. 다니엘은 번쩍거리는 황금 이면에 있는 진짜 현실을 정확히 꿰뚫어보았다. 그는 자기 앞에 서 있는 왕의 화려한 허울 너머 하나님의 현실을 간파했다.

그는 이 왕이 제시하는 (세상의 관점에서) 엄청나 보이는 것들에 전혀 감흥을 느끼지 않았다. 왜일까? 그것은 벽에 쓰인 글씨의 의미를 알았기 때문이다. 그는 벨사살이 그 많은 인기와 지위, 부에도 불구하고 그날 밤 바로 심판을 당하리라는 것을 알았다. 그는 하나님이 손가락을 드셨고, 그렇기 때문에 사실상 벨사살이 줄 수 있는 것은 아무것도 없다는 사실을 알았다. 그는 그날 밤이 지나면 그들 가운데 오직 한 사람만 살아남을 것이고, 그 사람은 왕이 아니라는 사실을 알았다.

그래서 다니엘은 벨사살에게 현실을 설명해 주었다. 일단 그는 느부갓네살에게 일어났던 일을 상기시켰다.

> 그가 마음이 높아지며 뜻이 완악하여 교만을
> 행하므로 그의 왕위가 폐한 바 되며 그의 영광을
> 빼앗기고 …… 지극히 높으신 하나님이 사람
> 나라를 다스리시며 자기의 뜻대로 누구든지 그
> 자리에 세우시는 줄을 알기에 이르렀나이다(단
> 5:20-21).

이어서 다니엘은 본론을 꺼냈다. "벨사살이여 왕은 그의 아들이 되어서 이것을 다 알고도 아직도 마음을 낮추지 아니하고 도리어 자신을 하늘의 주재보다 높이며"(단 5:22-23).

"벨사살왕이여, 오늘 밤 왕이 저지른 짓을 생각해

보십시오. 왕은 교만의 죄를 지질렀습니다. 신성모독과 우상숭배하는 죄도 저질렀습니다. 왕은 하나님을 경외하기로 선택하지 않았습니다."

바로 이것이 요지다. 벨사살은 겸손한 마음을 품지 않고 교만하게 자신을 뽐내기로 선택했다.

인간이 하나님을 거부하는 마음 중심에는 바로 교만이 있다. 우리는 나 말고 내 삶을 통제하고 내게 생명과 모든 성공을 주는 분이 따로 계시다는 사실을 받아들이기 싫어한다. 사탄의 꾀임에 빠져 에덴동산에서 금단의 열매를 먹은 아담과 하와, 벨사살을 거쳐 이 시대에 이르기까지 하나님께 반역하는 마음 중심에는 교만이 있다.

내가 수십 년간 목회를 하면서 본 목회자들의 몰락은 결국 다 하나로 귀결된다. 바로, 교만이다. 겸손히 자신을 낮추지 않고 자신의 힘이나 명성, 안전, 성공을 자랑하는 사람은 반드시 몰락하고 만다.

겉으로는 화려해 보일 수 있다. 교만은 군중을 끌어모으고, 프로젝트를 추진시키고, 세상 기준에서 사람을 높은 자리로 끌어올릴 수 있다. 하지만 하나님

이 손가락 하나만 들어 올리시면 한순간에 모든 것
이 변한다.

이 바벨론 왕에게 바로 그런 일이 일어났다.

험악한 얼굴이 미소로 돌변할 때

벨사살이 다니엘을 어떻게 대하고 그와 어떤 식
으로 대화를 나누었는지 기억하라. 현대 교회는 여
기에서 교훈을 얻을 수 있다. 그것은 사회가 교회의
하나님을 퇴물로 여기고, 교회의 의견이나 통찰을
듣기 원하지 않아 하나님의 백성이 경계선 밖으로
쫓겨나는 날이 올 것을 예상해야 한다는 것이다. 복
음에 관해서 너무도 생각하지 않은 나머지 그 본질
자체가 무엇인지를 잊어버리는 시대가 올 것이다.
서구가 '탈기독교' 단계(모든 단계와 마찬가지로 이 단계도 영
원하지는 않을 것이다)에 접어들면서 그러한 시대는 어느
덧 코앞에 다가왔다. 아니, 많은 면에서 이미 왔다.

그러한 시대가 온 것이 뚜렷하게 보이는 영역 가

운데 하나는 성(性) 윤리다. 멜라니 필립스는 이미 2009년(그 뒤로 열차는 계속해서 속도를 더해 왔다)에 나타난 사례를 소개한다. 사례의 주인공은 미인대회 우승자 캐리 프레진이다. 프레진은 심사위원이 동성 결혼을 어떻게 생각하는지 묻자, 국민이 각자 원하는 법에 투표하는 것이 맞지만 결혼은 남녀 사이에서만 이루어져야 한다고 대답했는데, 그 일로 미스 USA 자격을 박탈당했다. 필립스는 다음과 같이 지적한다.

> 영국에서 (우리 시대의) 차별 반대 정신은
> 그리스도인들에 반대하는 체계적인 캠페인으로
> 이어졌다. 특히, 동성애 문제에서 공격이 거세다.
> 동성애는 그리스도인들이 공공 영역에서 사회적
> 자유지상주의(social libertarianism)와 첨예하게
> 대립해 있는 주요 영역이다. …… 동성애자를
> 비롯해서 누구에게도 편견을 갖는 것은 비난할
> 만한 일이지만 '편견'의 의미가 정상적인 가치들을
> 표현하는 일까지 포함하는 쪽으로 변질되었다.
> …… 비판단주의(nonjudgmentalism)라는 이름으로,

성경의 윤리 규범에 따른 도덕적 판단을 옹호하는
이들만 비판과 비난을 받고 있다.*

다니엘은 변방으로 밀려나는 기분을 잘 알았다.
오랫동안 다니엘은 왕궁에서 환영을 받지 못하고,
왕의 자문위원회에서 무시를 당하며, 문화와 정부에
서 핵심 역할을 맡은 실세들에게 냉대와 조롱을 당
했다.

그와 그가 고수한 신념은 느부갓네살왕 시대 이
후로 조금도 변하지 않았다. 그는 느부갓네살왕 시
대에 하나님이 보여 주신 것을 한시도 잊어버리지
않았다. 하지만 바벨론은 변했다. 바벨론은 다 잊어
버렸다. 단, 다니엘은 하나님의 충성스러운 종으로
남았다. 그는 사회에 받아들여지기 위해 변하는 쪽
을 선택하지 않았다. 거센 변화의 바람에도 그는 꿈
쩍하지 않았다.

---

* Melanie Phillips, *The World Turned Upside Down* (Encounter Books, 2011), p. 101.

그가 그랬듯이 오늘날 하나님의 종들도 휘청거리지 말아야 한다. 하나님께 충성하다 보면 경계선 밖으로 밀려나고, 오직 조롱을 받을 때만 세상 사람들의 기억에서 되살아날 수 있다. 하지만 권력자들에게 빌붙으려면 복음을 타협해야 한다. 이것은 감히 치르기에는 너무 큰 대가다.

마찬가지로 위기의 시대에 세상이 다시 우리를 환영하며 당근을 제시할 날도 예상해야 한다. 그때야말로 그리스도인들에게 가장 위험한 날일 것이다. 광야에서 한참 시간을 보내고 나서는 세상의 시시한 보석들을 받아들이고 싶은 유혹이 실로 강할 것이다. 오랫동안 무시와 냉대를 당한 뒤에는 세상의 환영을 받기 위해 복음의 날을 '무디게' 하고픈 유혹이 찾아올 수밖에 없다.

일터에서 기독교 가치를 타협하지 않은 탓에 수년간 승진 명단에서 빠지고, 뒤에서(때로는 면전에서) 수군거리는 험담을 참아 온 그리스도인 회사원이 갑자기 회장실로 불려 간다고 상상해 보라. 회장은 승진과 막대한 연봉 인상을 제시하면서 정직한 인물로 알려진 그가 회사가 세운 새로운(그러나 꺼림칙한) 방향에 긍정적인 의견을 내 주었으면 좋겠다고 말한다. 미끼를 물고 싶은 유혹이 아주 클 것이다.

수년간 권력자들에게 한 번도 부름을 받지 못하던 목사가 갑자기 주지사의 관저로 초대받는다고 상상해 보라. 주지사는 그에게 어떤 정책을 이야기하며 의견을 묻고 자문위원회 자리를 제안한다. 그 정책이 나오기까지 있었던 악한 의사 결정을 지적하지 않고 그냥 승인하는 도장을 찍고 싶은 유혹이 이만저만 크지 않을 것이다.

이런 종류의 상황, 그러니까 험악한 얼굴이 미소도 돌변할 때 신자들은 무엇을 기억해야 할까? 세상은 우리가 끝까지 지킬 수 있는 것을 줄 수 없다는 사실을 기억해야 한다. 세상은 우리가 구주로 믿는 하나님의 심판을 향해 가고 있다는 사실을 기억해야 한다. 세상이 교회로부터 가장 필요로 하는 것은 그들이 저지르는 일에 대한 우리의 승인이 아니라, 우리의 복음이라는 사실을 기억하라.

"왕의 예물은 왕이 친히 가지시며 왕의 상급은 다

른 사람에게 주옵소서"(단 5:17).

예수 그리스도의 부활이 역사 속에 분명히 자리해 있다. 부활은 하나님이 "천하를 공의로 심판할 날을 작정"(행 17:31)하셨다는 확실한 증거다. 벽에 글씨가 쓰여 있다. 서구 문화는 성공과 자치를 축하하는 잔치를 벌이고 있지만, 이것은 잔치의 마지막 날 밤이다. 아침이 오면 하나님이 손가락을 들어 심판하실 것이다. 따라서 타협하고 이 잔치에 참여하는 것보다 경계선 밖에서 조롱을 당하는 편이 훨씬 낫다.

6

유혹은
'나이'를 가리지 않고
계속해서 찾아온다

완주하는 신앙의 비결

다니엘과 사자 굴 이야기는 다니엘서에서 가장 귀에 익은 이야기이며 성경 전체에서도 아주 유명한 이야기다. 심지어 성경을 읽어 보지 않은 사람들도 노아가 방주를 짓고 다니엘이 사자 굴에 던져졌다는 이야기 정도는 안다. 또 다니엘과 사자 굴 이야기는 우리가 자녀에게(내 경우는 손자들에게) 자주 들려주는 이야기 가운데 하나다.

하지만 사실 이것은 아이들에게 어울리는 이야기가 못 된다. 이것은 80세를 넘긴 무고한 노인이 국가보다 하나님께 대한 충성을 선택했다는 이유로 가장 잔혹한 방식으로 처형당할 위기에 처한 이야기다.

이것은 도덕을 가르치는 이야기도 아니다. 흔히 다니엘을 이 이야기의 주인공으로 보고서 그의 본보기가 이 이야기의 요지라고 생각하기 쉽다. "나도 다니엘처럼 될 수 있어!"

그렇지 않다. 여기서 주인공은 하나님이시다. 요지는 우리를 향한 그분의 태도와 그분의 성품이다. 다니엘이 원한 것은 우리에게서 "다니엘이 알았던 하나님을 나도 끝까지 신뢰하리라"라는 고백이 나오는 것이었다.

계속해서 읽어 보면 알겠지만 다니엘서 6장은 우리에게 우리가 몸담은 지역사회를 잘 섬기고 하나님을 향한 신앙 위에 굳게 서라고 촉구한다. 하지만 그렇게 되기 위한 지름길은 없다. 다니엘처럼 하나님에 관한 진리를 알고 의지하지 않으면 그렇게 할 수 없다.

밖에 서서 손가락질만 하고 있는가

다니엘서 1장에서 다니엘과 친구들은 젊었다. 그런데 이 유명한 이야기가 벌어지는 6장의 시점에서 다니엘은 노인이었다. 친구들은 이미 세상을 떠났을 가능성이 높다. 이즈음 다니엘이 구사하는 말투는 바벨론의 주변 모든 사람과 전혀 차이가 없었을 것이다. 그의 가족은 어디를 가도 튀지 않았다. 누가 봐도 영락없이 바벨론 시민처럼 보였다.

그리고 국가에 대한 다니엘의 헌신은 의심할 여지가 없었다. 그는 다리오왕으로 통치 세력이 바뀐 뒤에도 핵심 인물로 국가를 섬겼다. 그는 느부갓네살왕 아래서 고위관직을 지냈고, 이제 다리오왕은 그를 세 명의 총리 가운데 하나로 삼았다. "이는 고관들로 총리에게 자기의 직무를 보고하게 하여 …… 다니엘은 마음이 민첩하여 총리들과 고관들 위에 뛰어나므로"(단 6:2-3).

유다의 포로들은 분명 이런 질문과 씨름해야 했을 것이다. "이 바벨론 정부를 어떻게 대해야 할까? 이 정부의 일에 참여해야 할까? 이 이방인들을 섬겨야 할까? 거의 모든 면에서 우리의 세계관과 충돌하는 국가를 섬겨야 할까?"

이에 대한 다니엘의 답은 "그렇다"였다.

뒤에서 보면 알겠지만 그는 국가를 숭배하지 않았고 그 수장에게 무조건적인 충성을 바치지도 않았다. 하지만 세상에 담을 쌓지도 세상을 피해 초야로 들어가지도 않았다. 다니엘은 하나님이 예레미야 선지자를 통해 주신 명령에 철저히 순종했다. "너희는 내가 사로잡혀 가게 한 그 성읍의 평안을 구하고 그를 위하여 여호와께 기도하라"(렘 29:7).

물론 서구 국가들은 점점 비기독교적인 세계관과 윤리관을 채택하고 있다. 하나님의 법에 따라 살려는 이들에게 점점 더 적대적이다. 그렇다 해도 우리는 바벨론만큼 "예루살렘"에서 멀리 떨어져 있지는 않다. 다니엘이 포로로 잡혀간 땅에서 잘 섬길 길을 찾을 수 있었다면 우리도 얼마든지 잘 섬길 수 있다. 다니엘이 공익을 추구하고, 최대한 국가에 협력하고, 국가 번영에 시간과 재능을 쏟았다면 우리도 그렇게 할 수 있다.

탈기독교 문화에 타협하고 뒤섞이기 싫다는 이유로 담을 쌓아 고립되거나 문화 밖으로 도망친 다음, 밖에 서서 고함을 지르고 손가락질만 하기 쉽다. 하지만 그렇게 하기보다는 섬겨야 한다. 우리는 잘 섬겨야 한다.

'나이'는 불순종할 핑계가 될 수 없다

유진 피터슨은 제자의 삶을 "같은 방향으로의

오랜 순종"이라고 불렀다. 다니엘은 이런 삶도 완벽히 구현했다. 젊은 시절 그는 왕의 식단에 선을 긋고는 그 선을 넘기를 거부했다. 그리고 이제 인생의 종착역을 거의 앞두고서 그에게 가장 큰 시험이 찾아온다.

모든 시험이 인생 초반부에 찾아온다고 생각하는 사람이 많은 줄 안다. 그들은 젊은 시절의 유혹만 견뎌 내고, 나이 먹을 때까지 믿음을 고이 간직하면 그 어떤 유혹에도 흔들리지 않는 경지에 이른다고 생각한다.

당신은 어떤지 모르겠지만 내 경우는 전혀 그렇지 않다. 유혹의 종류와 우상의 형태는 변할지 몰라도 나이가 든다고 해서 어려운 결정을 마주하는 순간이 없지는 않다. 아울러 나이는 순종하지 않을 변명거리가 되지 못한다. 나이를 꽤 먹은 사람들에게 다니엘서 6장은 목적지를 앞두고서 표류하지 말고 끝까지 달려 결승선을 통과하라는 격려가 될 수 있다.

젊은이들은 1장에서 본 다니엘의 결단이 6장에서의 결단과 하나로 연결되어 있다는 사실을 놓치지 말아야 한다. 물론 성령은 우리 안에서 우리가 할 수 없는 역사를 행하실 수 있지만, 대체로 젊은 시절 우리의 모습은 노년까지 그대로 이어진다. 지금은 형편없지만 80대에는 좋아질 것이라 막연히 생각한다면 큰 오산이다.

지금은 무슨 일에도 성심을 다하지 않지만 나중에는 달라질 것이라고 핑계 대지 말라. 지금 하나님을 기쁘시게 하는 사람이 되기로 결심하고, 오늘 그런 삶의 궤적 위에 오르라. 그러면 인생의 '1장'에서 한 결심이 '6장'에서 열매를 맺을 것이다.

다니엘은 잘 섬겼다. 얼마나 잘 섬겼던지 "왕에게 손해가 없게"(단 6:2) 만드는 높은 지위까지 올랐다. 다시 말해 다니엘 덕분에 다리오왕은 세수가 줄어들거나 영토를 잃는 일을 당하지 않았다. "왕이 그를 세워 전국을 다스리게 하고자 한지라"(단 6:3). 다리오왕은 다니엘을 총리나 참모총장으로 삼고자 했다.

조이스 볼드윈은 다니엘서 주석을 쓰면서 "절대 부패에 빠지지 않는 노인이야말로 최고 직책의 적임

자다"라고 말했다.* 바로 다니엘이 "절대 부패에 빠지지 않는 노인"이었다. 다시 말하지만 그는 선지자들을 통해 말씀하시는 하나님의 명령에 철저히 순종한 인물이었다. "사람아 주께서 선한 것이 무엇임을 네게 보이셨나니 여호와께서 네게 구하시는 것은 오직 정의를 행하며 인자를 사랑하며 겸손하게 네 하나님과 함께 행하는 것이 아니냐"(미 6:8).

우리도 하나님의 종으로서 같은 삶으로 부름을 받았다. 그렇다고 예수 그리스도의 제자라는 사실을 드러내기 위해 커다란 성경을 가슴에 안고 회사 안을 돌아다닐 필요는 없다. 그리스도를 향한 충성을 선포하는 범퍼 스티커를 자동차 뒤에 붙이고 다닐 필요도 없다.

이보다 더 확실한 증거는 어느 곳에서나 믿을 만하게 행동하는 것이다. 정시에 출근해서 하루 종일 최선을 다해서 일을 제때 마치고, 소소한 회사 사무

---

* Joyce Baldwin, *Daniel: An Introduction and Commentary* (IVP UK, 1978), p. 128.

용 비품을 훔치거나 경비를 부풀리지 않고, 동료가
도움을 요청하면 하찮은 일이라도 기꺼이 도와주고,
감사하는 마음을 쪽지에 적어 남기며, 예의 바르게
행동하는 것이다.

일을 잘하면 좋다. 하지만 더러운 세상에서 순결
한 사람이 되고 부정한 세상에서 정직한 사람이 되
는 것은 더 좋다. 우리는 단순히 일을 잘하는 것을 넘
어 사회를 잘 섬기는 사람으로 부름을 받았다. 심지
어 다니엘처럼 곤란에 빠지더라도 옳은 길을 지켜야
한다.

죽기까지 충성할 수 있는가

다니엘이 승진을 거듭하면서 다른 많은 권력자
들이 승진을 하지 못했다. 그래서 남달리 부지런한
이 종은 그들에게 미움을 샀다. 정적들은 왕에게 찾
아가 다니엘이 오랫동안 국가를 헌신적으로 섬겨 온
사실이나 그의 인격이 본받을 만하다는 이야기는 쏙

빼고 그를 "사로잡혀 온 유다 자손"이라고 불렀다(단 6:13). 그들은 다니엘을 헐뜯고 그의 충성에 의심을 제기했다.

그의 일에서 흠잡을 데를 찾지 못한 그들은 다니엘을 하나님의 법과 제국의 법 중에서 하나를 선택할 수밖에 없는 상황으로 몰아갈 궤계를 꾸몄다. 그들은 왕에게 "이제부터 삼십 일 동안에 누구든지 왕 외의 어떤 신에게나 사람에게 무엇을 구하면 사자 굴에 던져 넣기로" 하는 철회 불가한 법을 제정하라고 부추겼다(단 6:7).

여기서 우스운 일이 벌어진다. 이 야심만만한 정치인들이 다 동의한다. 그들이 모두 "모여" 왕 앞으로 나아갔다(단 6:6). 그들은 나머지 모든 일에서는 원수처럼 서로 아옹거리던 자들이었다. 예나 지금이나 정치인들은 뭉칠 줄 모른다. 하지만 살아 계신 하나님을 반대하는 일에서는 그들 모두가 똘똘 뭉쳤다.

그들은 음모를 꾸미고 거짓말을 하기로 한마음으로 작정했다(그들은 "모든 고관들"(ESV)이 왕 앞에 모였다고 주장했지만 다니엘은 그 자리에 없었다). 그들은 다니엘이 자신들의 위에 있는 것은 말할 것도 없고 자신들과 어깨를 나란히 하는 것조차 원치 않았다. 그들은 그런 악한 마음으로 하나가 되었다.

예수님 당시의 엘리트들이 그분을 처형하기로 작정했을 때도 상황이 비슷했다. "헤롯과 빌라도가 전에는 원수였으나 당일에 서로 친구가 되니라"(눅 23:12). 시편 2편 2-3절에서도 인류 역사 속에서 반복되는 이런 악한 담합을 지적했다.

> 세상의 군왕들이 나서며 관원들이 서로 꾀하여
> 여호와와 그의 기름 부음 받은 자를 대적하며
> 우리가 그들의 맨 것을 끊고 그의 결박을 벗어
> 버리자 하는도다.

이제 다니엘은 선택해야만 했다. 왕에게 충성을 보여서 지위와 부, 명예, 생명을 지킬 것인가? 아니면 하나님께 충성하여 끝내 죽음을 맞을 것인가?

오늘날 세상에는 똑같은 선택의 기로에 선 그리스도 안에서의 형제 자매가 너무도 많다. 내가 아는 안과 의사 하나가 아프가니스탄에 병원을 차렸다. 몇 년 전, 그가 아프가니스탄에서 다른 신자를 알아볼 유일한 방법은 특별한 방식으로 악수를 하는 것이라고 말했던 기억이 난다. 그때 나는 순진하게 이렇게 물었다. "정말 이상하군요. 그냥 예수님을 믿는다고 말하면 안 되나요?"

그러자 그가 세차게 고개를 내저었다. "절대 안 됩니다. 그랬다가는 당장 목이 날아갈 수 있어요."

지난 10년간 아프가니스탄에 있는 신자들은 불필요하게 국가의 감시에 노출되지 않도록 극도로 조심했는데도 많은 이들이 붙잡혀 갔다. 미국에 사는 우리는 그런 상황에 처할 일이 없다. 하지만 우리도 더는 도덕적 다수(moral majority)가 아니다. 사실, 우리가 세상 사람들보다 더 혹은 대체로(in a majority) 도덕적인(moral) 적이 있었던가. 이제 우리는 오합지졸의 소수이며, 이 지위에 익숙해져야 한다. 이 지위에 따라 발생하는 난관들과 선택의 기로들에도 익숙해져야 한다.

그리고 혹시 예수님을 위해서 사는 것이 자기실현, 고통 없는 편안, 번영, 편안한 삶이라고 생각한다면, 다니엘서 6장의 나머지(그리고 이번 장의 나머지) 말씀들을 읽는 것이 꽤 곤혹스러울 것이다. 기독교를 바라보는 현대 서구의 피상적인 시각은 다니엘서 6장(아니, 다니엘서의 어떤 장도)의 무게를 덜 수 없다. 왜냐하면 다니엘은 죽기로 선택하기 때문이다. 다니엘서 6장에서 우리는 아프가니스탄의 형제 자매들이 이미 답한 질문 앞에 놓인다.

"하나님을 위해 죽을 수 있는가?"

평소 늘 하던 대로?

다니엘서 1, 2, 5장에 기록된 사건들과 3장에 기록된 그의 친구들에 관한 기록으로 미루어 보면, 다니엘이 '다리오왕 말고 다른 어떤 신이나 사람에게 무엇을 구하는 일을 금한 법'에 어떻게 반응했을지는 충분히 짐작할 수 있다.

다니엘이 이 조서에 왕의 도장이 찍힌 것을

알고도 자기 집에 돌아가서는 윗방에 올라가

예루살렘으로 향한 창문을 열고 전에 하던 대로

하루 세 번씩 무릎을 꿇고 기도하며 그의 하나님께

감사하였더라(단 6:10).

다니엘은 단순히 자기 신에게 기도할 권리를 주장한 것이 아니다. 국가보다 더 높은 법이 있다는 사실을 거부하는 정부의 시각에 저항한 것이다. 그때나 지금이나 많은 정부들은 국가도 더 높은 법 아래에 있다는 사실을 거부하는 임의적인 법을 만들곤 한다.

국가보다 더 높은 법이 있다는 것은 '자연법'의 개념이다. 이 자연법은 모든 인간에게는 궁극적인 법, 제정자인 창조주가 주신 양도할 수 없고 변경할 수 없는 권리가 있다고 말한다. 그 어떤 공회도, 아무리 많은 사람이 원한다 해도 이 법을 뒤엎을 수 없고, 뒤엎으려고 시도해서도 안 된다. 다니엘은 이렇게 행동함으로써 하나님의 자연법에 위배되지 않는 왕의 모든 법에는 순종하겠지만, 국가를 하나님 위에 두려는 시도에는 동조할 수 없다고 말하고 있었다.

나아가서 그는 하나님을 향한 충성이 이 땅의 왕을 향한 충성 위에 있다는 사실을 행동으로 증명해 보였다.

"여호와께서 네게 구하시는 것은 오직 정의를 행하며 인자를 사랑하며 겸손하게 네 하나님과 함께 행하는 것이 아니냐"(미 6:8).

다니엘은 지금껏 왕을 잘 섬겼지만, 이번에는 믿음대로 행동했다.

그가 타협하고 싶은 유혹을 느꼈을까? 그는 이렇게 말할 수도 있었다. "평생을 통틀어 겨우 30일이잖아. 평생 수많은 시간을 기도해 왔어. 딱 한 달만 기도를 건너뛰어도 하나님이 이해해 주실 거야." "어디서 기도하는지는 별로 중요하지 않잖아. 아무도 모르도록 기도하는 장소와 시간을 바꿔야겠어. 참, 창문도 닫고 말이야."

하지만 그는 그렇게 하지 않았다.

"전에 하던 대로 하루 세 번씩 무릎을 꿇고 기도하며 그의 하나님께 감사하였더라"(단 6:10).

그는 지금까지 해 오던 방식을 조금도 바꾸지 않았다. "전에 하던 대로"라는 짧은 구절이 실로 놀랍다. 다니엘의 기도 생활이 기분에 따라 오락가락했다면 다른 신하들은 이 작전으로 그를 옭아맬 수 있으리라 장담할 수 없었을 것이다. 다니엘의 기도 생활이 더없이 규칙적이고 변함없었기 때문에 그들이 현장을 잡아내는 것이 가능했다.

여기서도 우리는 인생의 위기가 우리에 관한 진실을 드러낸다는 사실을 알 수 있다. 위기는 우리에 관한 없던 것을 만들어 내지 않는다. 비유를 섞어서 쓰자면, 우리 집 맞은편에서 높은 파도가 덮쳐 오면, 우리 집과 마음의 담 뒤에 실제로 무엇이 있는지 다 드러난다.

자, 아주 어려운 질문을 던지겠다. 오늘부터 30일 동안 기도를 금지한다면 개인적으로나 교회에서나 우리 삶이 크게 달라질까? 당국이 당신의 집이나 교회로 느닷없이 찾아가 기도하는 당신을 체포할 가능성이 있는가? 누군가가 당신에게 "이자는 매일 이 시간에 기도를 하지. 오늘도 이러고 있을 줄 알았어"라고 말하게 될까?

잠시 미국에 관해 말하자면, 미국 교회는 공립학교들에서 기도를 금지한 것을 두고는 그토록 열을 올리면서 교회 안에서 기도가 들리지 않는 현상에 대해서는 인정하지 않는다. 그러면서 기도에 더 열심을 낼 생각도 하지 않는다. 뭔가 단단히 잘못된 것 아닌가?

이것은 마치 연막작전과도 같다. 다른 곳에서 기도가 들리지 않는 것을 지적하며 난리를 피우면, 나나 우리 교회 안에서 기도가 들리지 않는 사실은 잊어버릴 수 있으니까 말이다.

다니엘은 우리에게 큰 도전을 준다. 그는 여전히 기도했다. 평소 늘 하던 대로 했다. 기도가 우리에게도 평소에 늘 하던 일인가? 아니라면, 앞으로는 그렇게 될 것인가?

다니엘은 적들을 실망시키지 않았다. 적들이 염탐하러 찾아왔을 때 역시나 그는 평소 하던 대로 기도하고 있었다. 다니엘은 자신의 신앙을 남들에게 과시하고 있었던 것이 아니다(바벨론의 집은 창문이 작고 담이 매우 높았다). 음모자들이 홀로 조용히 기도하는 그의 집에 난입한 것이다. 다니엘은 선택을 했다. 죽음을 각오하고 하나님께 충성하기로 선택한 것이다.

이에 적들은 득달같이 다리오왕을 찾아갔다. "다니엘이 왕과 왕의 도장이 찍힌 금령을 존중하지 아니하고 하루 세 번씩 기도하나이다"(단 6:13).

다니엘이 하나님께만 헌신하고 인간이 만든 칙령은 거들떠보지도 않는다고 고해바친 것이다. 다니엘이 제국의 의무에 충실하기는 했지만, 그가 하나님 나라에 충성을 다한다는 것은 의심할 수 없는 사실이었다.

결국 다리오왕은 칙령을 철회할 수 없다는 음모자들의 말을 듣고 "다니엘을 끌어다가 사자 굴에 던져"(단 6:16) 넣으라고 명령할 수밖에 없었다.

"돌을 굴려다가 굴 어귀를 막으매"(단 6:17).

싱클레어 퍼거슨의 표현을 빌리자면 "이것은 하나님 나라를 궤멸시키려는 어둠의 왕국의 손이었다."*

---

* Sinclair Ferguson, *The Communicator' Commentary: Daniel* (Word Books, 1988), p. 138.

다니엘이 사자 굴에서 죽지 않는다는 것은 모르는 아이들이 없을 정도로 명백한 사실이다. 밤새 잠을 이루지 못한 다리오왕은 이튿날 아침 사자 굴로 달려가 소리쳤다. "다니엘아 네가 항상 섬기는 네 하나님이 사자들에게서 능히 너를 구원하셨느냐"(단 6:20).

그러자 굴 안에서 음성이 들려왔다. "왕이여 원하건대 왕은 만수무강 하옵소서 나의 하나님이 이미 그의 천사를 보내어 사자들의 입을 봉하셨으므로 사자들이 나를 상해하지 못하였사오니 이는 나의 무죄함이 그 앞에 명백함이오며 또 왕이여 나는 왕에게도 해를 끼치지 아니하였나이다"(단 6:21-22).

다니엘은 이 기도 문제에서 하나님께 순종하지 않는 죄를 짓지 않았고, 다리오왕에게 그 어떤 해를 끼치는 죄를 짓지도 않았다.

"그들이 다니엘을 굴에서 올린즉"(단 6:23).

그렇게 다니엘은 무덤이 될 수밖에 없는 곳에서

살아서 빠져나왔다.

이 순간, 우리의 마음은 수 세기 뒤의 또 다른 이른 아침으로 날아가야 한다. 돌을 굴려 입구를 막은 또 다른 죽음의 장소. 고소를 당할 만한 죄를 전혀 짓지 않았고 그 어떤 문제에서도 하나님께 불순종하는 죄를 짓지 않았던 분의 또 다른 음성.

> 무덤을 지켜 봤자 소용없네
> 내 구주 예수
> 시체를 봉인해 봤자 소용없네
> 내 구주 예수!
> 무덤에서 일어나셨네 ……
> 죽음은 먹잇감을 지킬 수 없네
> 내 구주 예수
> 창살을 찢으셨네
> 내 구주 예수!

싱클레어 퍼거슨은 구약에서 사자의 파괴적인 힘은 이 타락한 세상의 혼돈과 부조화를 상징하는 비유라고 말한다. 그래서 베드로는 사탄을 믿음에서 끌어내려 "삼킬" 신자를 찾는 "우는 사자"에 빗댔다 (벧전 5:8). 그런가 하면 이사야가 묘사한 장차 오리라 약속된 나라에서는 사자가 송아지와 나란히 누울 것이다(사 11:6). 다니엘의 사자 굴 이야기에서 우리는 오로지 파괴하고 집어삼키기만 하는 사자가 이렇게 평온하고 온순한 동물로 변화되는 다가올 나라를 엿볼 수 있다.

다니엘에게 이 굴은 구원의 장소가 되었다. 마찬가지로 예수님의 무덤도 구원의 장소였다. 영광스럽게도 이 구원은 그분만을 위한 것이 아니라, 그분을 믿는 모든 이들을 위한 것이다. 십자가와 무덤에서 우리는 하나님 나라로 초대를 받으며 혼돈이 평화로 변화되기 시작한다.

하지만 동시에 이 구원의 장소는 멸망의 장소이기도 하다. "왕이 말하여 다니엘을 참소한 사람들을 끌어오게 하고 그들을 그들의 처자들과 함께 사자 굴에 던져 넣게 하였더니"(단 6:24).

그들을 구하러 온 천사는 없었다. 무시무시한 장

면이다. 그런데 여기서 이 형벌은 하나님의 법이 아니라 바사 법에 따라 내린 형벌이다. 이 형벌은 하나님의 명령이 아니라 바사 왕이 내린 명령이었다. 하지만 다니엘을 모함한 자들에게 내려진 형벌은 언젠가 하나님 나라에 반대하고 그 나라의 왕에게 맞선 자들에게 내려질 하나님의 형벌을 떠올리게 만든다.

하나님은 그분의 백성을 구원하시고 그분의 적들을 멸망시키신다. 노아를 심판에서 구해 내신 대홍수 때도 그러셨다. 홍해를 가르실 때도 그러셨다. 하나님의 백성이 마른 땅을 걸어서 건넌 뒤에 물이 제자리로 돌아와 추격하던 애굽 군대를 삼켜 버렸다. 하나님은 사자 굴에서도 그렇게 하셨다. 그리고 언젠가 다시 그렇게 하실 것이다.

예수님이 마침내 돌아오시고 하나님 나라가 온전히 임해 사자가 송아지와 나란히 누울 때 하나님은 그분의 백성을 회복시키시고 그분의 적들을 심판하실 것이다. 우리가 십자가에 달리셨다가 무덤에서 걸어 나오신 분을 어떻게 믿느냐에 따라 하나님이 우리에게 영생을 주실지 영원한 형벌을 내리실지가 결정된다.

더 높은 보좌를 바라볼 때

당신도 다니엘과 같은 선택의 기로에 설 순간이 반드시 온다. 우리 문화의 주된 흐름에 충성함으로 지위와 부, 평판, 목숨을 유지할 것인가? 점점 더 커지는 대가를 기꺼이 치르면서까지 하나님께 충성할 것인가?

고개를 돌려 좋았던 옛날을 그리워하지 말라. 앞을 바라보며 두려워하지도 말라. 가족을 이끌고 이교도 문화에서 도망치지 말라. 자리를 지키며 눈을 들어 더 높은 보좌, 더 크신 왕, 더 고귀한 사명을 바라보라. 그러면 모든 면에서 그 사회를 더 잘 섬기고, 신앙을 지켜야 할 때는 지킬 수 있을 것이다.

빈 무덤은 우리가 어떤 하나님을 섬기고 있는지 상기시켜 준다. 그분은 우리의 찬송을 받아 마땅하

신 분이다. 그분은 우리를 구원하셨고 구원하실 것
이다. 언젠가 우리는 그분의 보좌 주위에 다니엘과
함께 서서 노래를 부를 것이다. 우리나 다니엘에 관
한 노래가 아니라 그분에 관한 노래를…….

7

'그때 다니엘의 하나님'이
'지금 나의 하나님'이다

\# 믿음의 분투, 헛되지 않다

당신과 당신이 몸담은 교회의 상황이 앞으로 어떻게 될 것 같은가? 지금 상황은 어떠하고 앞으로는 어떻게 될까?

타고난 낙관주의자들이 있는데, 그들은 언제나 일이 잘 풀릴 것이라고 생각한다. 그들은 하나님과 교회의 승리를 강조하는 설교와 책을 좋아한다. 이 관점에서 보면 다니엘서 7장은 상황이 우리가 생각했던 것보다 훨씬 좋아진다는 뜻이다.

반면에 어떤 이들은 타고난 비관론자다. 서구 문화가 점점 기독교에 등을 돌리고 코로나19가 우리 삶을 망가뜨리는 상황에서 비관적인 그리스도인이 점점 늘어나는 것 같다. 그들은 현재와 같은 고난과 거부를 이겨 낼 수 있게 해 주는 설교와 책을 선호한다. 그들에게 다니엘서 7장은 모든 일이 잘 풀리지는 않을 것이라는 뜻이다(하지만 우리에게는 생각보다 더 많은 소망이 있다).

다니엘서 7장은 영적으로, 정서적으로 우리를 낙관론도 비관론도 초월한 무언가로 안내한다. 지금 상황이 우리가 생각했던 것보다 훨씬 나쁘면서 동시에 우리가 기대했던 것보다 훨씬 좋다고 말한다. 그리고 그런 메시지를 던지기 위해서 역사와 세상, 영원을 완전히 다른 시각으로 바라본다. 자, '묵시문학'의 세계로 온 것을 환영한다.

온 우주를 다스리시는 그분을 믿어도 좋다

묵시문학은 말 그대로 충격 요법이다. 그러니까 응급 상황에서 사용되는 장르라 할 수 있다. 다니엘서 후반부를 비롯해서 성경은 해야 할 말이 너무 복잡하고 엄청나서 삶을 다루거나 기술하는 정상적인 메커니즘 안에 담아낼 수 없을 때 이 장르를 사용한다. 하나님은 인간이 정상적으로 사용할 수 있는 언어 범위 밖에 있는 것을 표현하기 위해 묵시의 언어를 사용하신다.

신학자들은 다니엘서 후반부 말씀을 거의 토씨 하나하나까지 두고 논쟁을 벌여 왔다. 많은 그리스도인들이 다니엘서 7장에 이르면 신학적 셜록 홈즈로 변신한다. 그리스도인 친구들 앞에서 똑똑한 척하기 위해 숨은 미스터리를 밝혀내는 탐정처럼 군다 (그래 봐야 똑똑하게 보이기는커녕 미움만 산다. 친구들의 이글거리는 눈을 보라). 하지만 7장부터 시작되는 다니엘서 후반부는 실생활과 관련된 아무런 유익도 건져 내지 못한 채 정확한 타이밍에 관해 논쟁이나 벌이고 각 이미지가 역사 속의 무엇에 상응하는지를 놓고 지적(智的)인 씨름이나 하라고 성경 속에 포함된 것이 아니다.

7장의 목적은 눈앞에 펼쳐지는 외적인 상황과 달리 하나님이 보좌에 앉아 계시고 미래가 온전히 그분의 장중에 있다는 점을 강조하는 것이다.

혹시 이렇게 생각할지 모르겠다. '그것은 다니엘의 처음 여섯 장에서 말하는 목적이잖아?'

맞다! 명심하라. 다니엘서에서는 같은 말을 계속해서 되풀이한다. 그것은 하나님이 온 우주를 다스리시며 그분을 믿어도 좋다는 것이다. 따라서 다니엘서의 두 번째 여섯 개 장(7-12장)도 같은 말을 하고 있다. 단지 관점만 바뀔 뿐이다. 이제 이 진리는 포로

171

로 살았던 사람들의 역사적인 드라마 속에서 펼쳐지지 않는다. 이제 이 진리는 매우 다른 차원, 매우 놀라운 차원에서 기술된다.

이 성경 본문을 이해하려면 머릿속에 그림을 그려야 한다. 개중에는 이 방법을 무척 어려워하는 이들이 있다. 하지만 비디오게임을 즐기는 사람이라면 독서를 즐기는 사람보다 이 방법이 훨씬 쉬울 것이다. 게이머들은 뭐든 시각적으로 보고 난 뒤에 거기서 추론을 하는 데 뇌가 최적화돼 있다.

다니엘서 7장은 빠른 속도로 움직이는 하나의 거대한 비디오게임과도 같다. 하지만 천성적으로 게임을 좋아하든 혹은 독서를 좋아하든 다니엘서 7장 내용은 간단하지 않다. 신학자이자 역사학자인 차드반 딕스후른은 성경의 요지들을 파악하는 일이 고된 작업이라고 말했다. 하지만 고생할 만한 가치가 있다. 다니엘서 7장은 일인칭 문장으로 바뀌면서 시작된다. "내가 밤에 환상을 보았는데"(단 7:2).

다니엘은 우리에게 보라고, 유심히 지켜보라고 요청한다. 자, 7장 첫 번째 부분이다.

하늘의 네 바람이 큰 바다로 몰려 불더니 큰 짐승
넷이 바다에서 나왔는데 그 모양이 각각 다르더라
첫째는 사자와 같은데 독수리의 날개가 있더니
내가 보는 중에 그 날개가 뽑혔고 또 땅에서
들려서 사람처럼 두 발로 서게 함을 받았으며 또
사람의 마음을 받았더라 또 보니 다른 짐승 곧
둘째는 곰과 같은데 그것이 몸 한쪽을 들었고 그
입의 잇사이에는 세 갈빗대가 물렸는데 그것에게
말하는 자들이 있어 이르기를 일어나서 많은
고기를 먹으라 하였더라 그 후에 내가 또 본즉
다른 짐승 곧 표범과 같은 것이 있는데 그 등에는
새의 날개 넷이 있고 그 짐승에게 또 머리 넷이
있으며 권세를 받았더라 내가 밤 환상 가운데에
그다음에 본 넷째 짐승은 무섭고 놀라우며 또 매우
강하며 또 쇠로 된 큰 이가 있어서 먹고 부서뜨리고
그 나머지를 발로 밟았으며 이 짐승은 전의 모든
짐승과 다르고 또 열 뿔이 있더라 내가 그 뿔을
유심히 보는 중에 다른 작은 뿔이 그 사이에서
나더니 첫 번째 뿔 중의 셋이 그 앞에서 뿌리까지

뽑혔으며 이 작은 뿔에는 사람의 눈 같은 눈들이

있고 또 입이 있어 큰 말을 하였더라(단 7:2-8).

자, 무엇이 보이는가?

네 짐승과 작은 뿔 환상

다니엘이 본 네 짐승은 저마다 파도가 크게 넘실

거리는 바다에서 나온다(단 7:2-3). 성경에서 바다는 주

로 악한 세상의 혼돈을 의미한다(예를 들어, 이사야 57장

20절과 시편 68편 21-22절). 바벨론 사람들도 바다를 무시

무시한 곳으로 여겼다. 그래서 바벨론 신화에 보면

바다에서 튀어나오는 괴물들이 등장한다.

하늘에서 바람이 불어오고 뒤이어 괴물들이 바다

에서 나온다. 끔찍하고 강력한 괴물들이다. 그래도

하늘의 통제 밖에 있지는 않다.

다니엘서 2장으로 볼 때 여기서 우리가 같은 제

국들을 다루고 있다고 봐도 무방하다(고 생각한다). 그

리고 오늘날처럼 당시에도 국가들은 각자 자국을 상징하는 동물을 내세웠다. 예를 들어, 오늘날 스코틀랜드는 사나운 사자, 러시아는 곰, 미국은 독수리를 사용한다(당신이 미국인이라면 벤저민 프랭클린의 제안이 받아들여지지 않은 것에 감사해야 마땅하다. 그는 칠면조를 제안했다).

다니엘의 환상에서는 다음과 같은 짐승들이 나온다.

- 독수리의 날개가 달린 사자. 이 사자는 느부갓네살왕과 바벨론을 의미한다. 바벨론은 여러 문에 이 사자를 상징으로 사용했다. 따라서 그곳에서 살았던 다니엘은 이 상징에 익숙했을 것이다.

- 곰. 메데-바사제국. 이 곰은 "몸 한쪽을 들었"다. 이것은 메데-바사제국의 한쪽이 다른 쪽보다 강했기 때문인 것으로 보인다. 이 곰은 입에 갈빗대 세 개를 문 무시무시한 짐승이다. 그 의미는 간단해 보인다. 이 곰은 식욕이

왕성했다. 사람들을 마구 잡아먹었다.

• 표범. 재빠르고 위험한 이 표범은 속도를 높여
줄 날개를 달았고, 여러 방향을 동시에 볼 수
있도록 네 개의 머리가 달렸다. 이 짐승은 어떤
종류의 제국을 묘사하는 것인가? 이번에도
이 특징은 알렉산드로스 대제의 역사와
일치한다. 알렉산드로스는 유례없는 속도로
메데-바사제국을 멸망시켰다. 그는 3만 명의
군대로 메데-바사제국의 군대에 맞섰다.
많은 전투에서 메데-바사제국은 15만-80만
대군을 앞세웠다. 하지만 알렉산드로스는
그 엄청난 대군을 물리치고 불과 32세의
나이에 그리스, 애굽(이집트), 바사를 넘어 멀리
동쪽의 인도 국경까지 이르는 드넓은 제국을
통치했다. "(세 번째 짐승이) 권세를 받았더라"(단
7:6)라는 표현에 주목할 만하다. 역사책을
보면 마치 알렉산드로스가 권세를 쟁취한
것처럼 묘사되어 있다. 하지만 다니엘은

그렇지 않다고 말한다. 알렉산드로스의 권세는
하나님께 받은 것이다. 이 제국을 어떻게
설명할까? 이 제국은 권세를 받은 것이다.
그렇다면 훨씬 뒤에 나타난 대영제국은
어떠한가? 역시 권세를 받은 것이다. 소련,
미국, 심지어 북한까지 다 권세를 받은 것이다.
이런 나라는 우연의 산물이 아니다. 하나님의
계획 밖에서 어쩌다 보니 생겨난 나라가
아니다.

• 미지의 짐승. 이 땅의 어떤 생명체와도 닮지
   않아서 혼란을 자아낸다. 이 나라는 너무
   무시무시해서 어떤 피조물이나 피조물들의
   조합으로도 그 속성을 묘사할 수 없을 것
   같아 보인다. 이 짐승은 쇠 이빨을 갖고 뭐든
   마구 집어삼켜 조각조각을 냈다. 그리고 남은
   부분은 발로 짓밟았다. 이 짐승은 이전에 모든
   짐승과 달랐다. 이 짐승은 로마의 잔혹하고
   무시무시한 속성을 연상케 한다. 뿔은 힘을

상징한다. 대부분의 동물은 두 개의 뿔을
갖고 있지만 이 짐승은 열 개나 갖고 있다.
다만 이 뿔들을 로마의 왕들이나 유럽 국가들
등과 짝지으려고 하지 말라. 이 뿔들은 단지
이 제국이 정말, 정말 강했다는 것을 의미할
뿐이다.

이어서 환상의 초점이 "작은 뿔" 하나로 집중된
다. 이 뿔은 다른 어떤 뿔보다도 강하게 자라는 것으
로 보인다. 이 뿔은 마치 악의 화신처럼 보인다. 이
뿔은 인간의 눈과 입을 가졌다. 그래서 한 개인(혹은
한 유형의 사람들)을 지칭하는 것처럼 보인다. 그렇다면
이 뿔은 바울이 말한 "불법의 사람"일(살후 2:3) 가능성
이 높다. 여기서 바울은 점점 더 거세지는 로마제국
의 핍박 속에서 언제 예수님이 오실지(혹은 이미 오셨는
지), 그리고 자신들에게 어떤 일이 일어날지 궁금해
하는 교인들을 향해 말한다.

먼저 배교하는 일이 있고 저 불법의 사람 곧

멸망의 아들이 나타나기 전에는 그 날이 이르지 아니하리니 그는 대적하는 자라 신이라고 불리는 모든 것과 숭배함을 받는 것에 대항하여 그 위에 자기를 높이고 하나님의 성전에 앉아 자기를 하나님이라고 내세우느니라 내가 너희와 함께 있을 때에 이 일을 너희에게 말한 것을 기억하지 못하느냐 너희는 지금 그로 하여금 그의 때에 나타나게 하려 하여 막는 것이 있는 것을 아나니 불법의 비밀이 이미 활동하였으나 지금은 그것을 막는 자가 있어 그중에서 옮겨질 때까지 하리라 그 때에 불법한 자가 나타나리니 주 예수께서 그 입의 기운으로 그를 죽이시고 강림하여 나타나심으로 폐하시리라 악한 자의 나타남은 사탄의 활동을 따라 모든 능력과 표적과 거짓 기적과 불의의 모든 속임으로 멸망하는 자들에게 있으리니 이는 그들이 진리의 사랑을 받지 아니하여 구원함을 받지 못함이라(살후 2:3-10).

이 구절을 읽으면 다니엘의 "작은 뿔"을 이해하는

데 도움이 된다. 작은 뿔은 하나님께 반역하는 교만하고 불경건한 인류를 의미하는 "불법의 사람"을 가리키는 것 같다. 하나님과 그분의 법을 고의적이고도 적극적으로 거역하는 자들도 궁극적으로 주권적인 하나님의 통치 아래에 있지만 그들은 "사탄의 활동을 따라"(살후 7:9) 나타난다. 다시 말해, 사탄이 존재하고 적극적이고도 적대적으로 활동한다는 점을 깨닫지 않고서는 다니엘서 아니, 성경 전체를 이해하는 것이 불가능하다.

웨일스의 위대한 설교자 마틴 로이드 존스는 수십 년 전에 했던 한 인터뷰에서 이런 말을 했다. "교회가 병든 주된 이유 중 하나는 사탄을 잊어버린 것이라고 확신합니다."[*]

예부터 지금까지 하나님의 성도들은 대개 자신이 사탄에 휘둘리는지도 모르는 악인들의 손에 고통을 받아 왔다. 이 세상 사람들은 사탄이 만들어 온 세

---

[*] D. Martyn Lloyd-Jones, *The Christian Warfare* (Banner of Truth, 1976), p. 292. 마틴 로이드 존스, 《에베소서 강해 7: 영적 투쟁》 (CLC 역간).

계관과 종교들에 현혹되고 유혹당하고 있다. 우리가 이런 것들을 잘 다루지 못하는 것은 사탄에게 충분히 신경을 쓰지 않기 때문이다. 성경을 제대로 안다면 이런 실수를 할 수 없다.

그렇다면 우리가 어떻게 해야 하는가? 세상이 기독교를 비방하고 배척해도 의아하게 여기지 말아야 한다. 기독교가 극단주의자나 증오하는 무리, 편협한 무리라는 비방과 고소, 핍박을 당해도 어리둥절해하지 말아야 한다.

수백 년 동안 서구 지역 그리스도인들은 하나님의 백성이 존경을 받고, 공공 영역에서 마음껏 의견을 표현하고, 환영을 받고, 권력자들에게 편하게 조언하는 것이 일반적인 경우라는 착각에 빠져 살았다. 하지만 과거에는 전혀 그렇지 않았고, 앞으로도 더는 그렇지 않을 것이다. 우리는 일반적인 상황으로 돌아가고 있다. 극심한 반대와 고난 속에서 이를 악물고 믿음을 지켜 나가야 하는 것이 현대 교회가 직면한 일반적인 상황이다.

그렇다면 이 모든 상황에서 하나님은 어디에 계

시는가? 이제 다니엘은 바로 그것을 보게 된다.

하나님이 도착하시다

내가 보니 왕좌가 놓이고 옛적부터 항상 계신
이가 좌정하셨는데 그의 옷은 희기가 눈 같고
그의 머리털은 깨끗한 양의 털 같고 그의 보좌는
불꽃이요 그의 바퀴는 타오르는 불이며 불이
강처럼 흘러 그의 앞에서 나오며 그를 섬기는 자는
천천이요 그 앞에서 모셔 선 자는 만만이며 심판을
베푸는데 책들이 펴 놓였더라 그 때에 내가 작은
뿔이 말하는 큰 목소리로 말미암아 주목하여 보는
사이에 짐승이 죽임을 당하고 그의 시체가 상한 바
되어 타오르는 불에 던져졌으며 그 남은 짐승들은
그의 권세를 빼앗겼으나 그 생명은 보존되어 정한
시기가 이르기를 기다리게 되었더라(단 7:9-12).

9절의 "옛적부터 항상 계신 이"는 바로 하나님을

가리킨다. 하나님이 보좌에 앉으신 모습은 그분이 궁극적인 권위를 지니셨다는 사실을 떠올리게 만든다. 그분의 옷과 머리카락은 그분의 정결함을 보여준다. 불타는 보좌와 그분의 입에서 나오는 불은 심판의 현실을 의미한다. 그분을 섬기는 자가 "천천"이라는 사실은, 여기서 벌어지는 일의 규모가 얼마나 큰지 나타난다. 따라서 이것은 하나님의 정결, 권능, 심판에 관한 환상이다. 이 이미지들은 성경의 다른 부분들에서도 사용된다(출애굽기 3장과 19장, 에스겔 1장을 보라).

여기서 다니엘은 무엇을 보고 있는가? 첫째, 자신이 혼자가 아니라는 사실을 보고 있다. 당시 그는 바벨론제국의 심장부에서 외롭게 경건의 밭을 갈고 있었을지 모르지만, "옛적부터 항상 계신 이"를 섬기는 만큼 궁극적으로는 "만만"의 성도와 함께하고 있다. 둘째, 심판을 위해 재판장이 자리에 앉으면 인간의 나라들은 무너지기 시작한다.

언젠가 책들이 펴지는 그 때, 모든 불의와 모든 미움이 심판을 받을 것이다. 물론 하나님을 거역했던 이 옛 나라들이 상징하는 관점과 영향력은 여전히 우리와 함께 있다. "그 생명은 보존되어"(단 7:12). 하지만 그 나라는 무너졌고 또 무너질 것이다. 하나님께 반대하는 나라들과 철학들이 잠시 남아 있을 수는 있지만 영원하지는 않을 것이다.

이어서 또 다른 인물이 무대에 등장한다.

예수님에 대한 환상

내가 또 밤 환상 중에 보니 인자 같은 이가 하늘
구름을 타고 와서 옛적부터 항상 계신 이에게
나아가 그 앞으로 인도되매 그에게 권세와 영광과
나라를 주고 모든 백성과 나라들과 다른 언어를
말하는 모든 자들이 그를 섬기게 하였으니 그의
권세는 소멸되지 아니하는 영원한 권세요 그의
나라는 멸망하지 아니할 것이니라 나 다니엘이
중심에 근심하며 내 머리 속의 환상이 나를
번민하게 한지라 내가 그 곁에 모셔 선 자들 중

하나에게 나아가서 이 모든 일의 진상을 물으매
그가 내게 말하여 그 일의 해석을 알려 주며
이르되 그 네 큰 짐승은 세상에 일어날 네 왕이라
지극히 높으신 이의 성도들이 나라를 얻으리니 그
누림이 영원하고 영원하고 영원하리라(단 7:13-18).

이분은 바로 예수님이시다. 그분은 "인자 같은
이"(단 7:13), 곧 인간이시다. 하지만 결코 평범한 인간
이 아니시다! "모든 백성과 나라들과 다른 언어를 말
하는 모든 자들이 그를 섬기게"(단 7:14) 될 나라를 받
기 위해 그분은 "옛적부터 항상 계신 이"에게 나아가
신다. 그분의 통치는 "소멸되지 아니할" 것이다.

이 장면에서 예수님이 무엇을 하고 계신지 눈여
겨보라. 예수님은 옛적부터 항상 계신 이에게 나아
가고 계신다. 옛적부터 항상 계신 이'로부터' 오고
계신 것이 아니다. 따라서 이것은 말세에 예수님이
하늘에서 오시는 상황을 묘사한 것이 분명 아니다.
그보다는 예수님이 죽음, 부활, 승천 이후 하늘로 돌
아가시는 상황을 묘사한 것이다. 이것은 그분의 즉

위식이다. 예수님이 하늘로 돌아가신 후의 시대인 21세기에 이 구절을 읽는 우리는 장차 이루어질 비전이 아니라, 이미 이루어진 일에 대한 환상으로써 다니엘서 7장 13-14절을 읽는다.

사도행전 1장을 보면 "그들(제자들)이 보는데 올려져 가시니 구름이 그(예수님)를 가리어 보이지 않게 하더라"(행 1:9). 다니엘서 7장 13-14절은 그다음에 구름 뒤에서 어떤 일이 일어나는지 보여 준다. 예수님이 승천하시기 직전 제자들에게 "하늘과 땅의 모든 권세를 내게 주셨으니"라고(마 28:18) 말씀하신 것이 바로 이 통치를 말씀하신 것이다.

이 현실은 우리가 "가서 모든 민족을 제자로 삼아 아버지와 아들과 성령의 이름으로 세례를 베풀"어야 (마 28:19) 하는 이유다. 그리스도가 누구시며 무엇을 이루셨고 지금 어디에 계신지에 관한 진리를 생각하면 전 세계 곳곳에서 복음을 선포하지 않을 수 없다.

선교(근처 거리에서든 바다 건너 해외에서든)를 바라보는 세상의 시선은 점점 곱지 않게 변해 가고 있다. 전도는 사람들에게 도움이 되지 않고 불필요한 뭔가를 교묘하게 주입시키는 것처럼 취급받는다. 세상은 우리가 정말로 존중하는 마음과 사랑이 있다고 자부한다면, 선한 이슬람교도, 선한 힌두교도, 선한 무신론자와 불가지론자, 신비주의자가 각자 옳고 좋은 대로 살게 놔둬야 한다고 주장한다.

"남들에게 자신의 방식을 강요하려는 것은 얼마나 무관용적이고 또 오만한 것인가!" 세상은 그렇게 말한다.

물론 예수님이 다니엘이 환상 중에 본 그 인자가 아니시라면 우리가 복음을 전하는 일은 우리가 할 수 있는 최악의 일이다. 하지만 예수님이 그 인자시라면 모든 무릎이 그분 앞에 꿇어 엎드릴 날, 어떤 이들은 기쁨의 환호성을 지르는 반면 어떤 이들은 깊은 후회의 눈물을 흘릴 것이다. 그런데 어찌 이 사실을 알리지 않고서 다른 사람들을 사랑한다고 말할 수 있겠는가.

전쟁은 아직 끝나지 않았다

다니엘서 7장은 쉽지 않다(앞서 나는 분명히 경고했다). 그리고 우리는 이제 겨우 중간 지점에 이르렀다. 7장 나머지 부분에서도 다니엘은 환상을 이해하기 위한 세부 사항을 묻고 듣는다. 하지만 이 시점에서 마침내 핵심 주제가 분명해진다.

> 하나님이 승리하셨고 승리하실 것이며 그분의
> 백성들은 그분의 나라를 다스릴 것이다. 하지만
> 전쟁은 아직 끝나지 않았다.

그 작은 뿔은 '성도들과 더불어 싸워 그들에게 이길'(단 7:21) 것이다. 하지만 언젠가 '옛적부터 항상 계신 이가 오셔서 지극히 높으신 이의 성도들을 위하여 원한을 풀어 주시고 때가 이르매 성도들이 나라를 얻을' 것이다(단 7:22).

그렇다면 위대한 승리가 이루어졌기 때문에 그리스도가 돌아오실 때까지 남은 시간 동안 하나님의 백성은 그냥 편히 쉬고 즐기면서 기다리면 될까? 아니다. 지금 우리는 '이미'와 '아직' 사이의 시대에 살고 있다. 우리는 '그리스도의 즉위식'과 '그리스도의 영광스러운 최종 승리' 사이의 시간을 살고 있다. 우리는 웨스트민스터 신앙고백이 말하는 "지속적이고 화해할 수 없는 전쟁"의 한복판에 있다.

그리고 이는 결국 승리할 전쟁이다. 그리스도께서 이미 승리를 거두셨기 때문이다. 하지만 싸움은 계속된다. 돈 카슨에 따르면 이 시대에는 "왕이신 예수님의 공격받는 통치와 필연적인 승리 아래서 복음이 담대하게 전파되고 있다."*

이를 생각하면 두려울 수 있다. 다니엘이 그러했다. "나 다니엘이 중심에 근심하며 내 머리 속의 환상이 나를 번민하게 한지라"(단 7:15). 심지어 약간의 설명을 더 듣고 난 7장 끝에서도 다니엘은 이렇게 말한다. "나 다니엘은 중심에 번민하였으며 내 얼굴빛이

---

* thegospelcoalition.org/conference_media/whatis-the-gospel/, 2020년 7월 23일 확인.

변하였으나"(단 7:28).

무엇이 그를 그토록 번민하게 만들었을까? 아마
도 승리는 확실하지만 그 승리까지 가는 길이 상상
했던 것보다 더 어렵다는 것을 알았기 때문이리라.
하나님의 백성은 침략당하고, 패배하고, 유린당하고,
포로로 끌려가고, 위험을 당했지만 아직 더 혹독한
고난이 남아 있다.

우리는 이런 시각을 가져야 한다. 물론 이 삶은
쉽지 않을 것이다. 우리 주변에서 "지속적이고 화해
할 수 없는 전쟁"이 벌어지고 있으며 중립은 불가하
다. 삶은 더 힘들어질 수 있다. 사회는 더 적대적으로
변할 수 있다. 그리스도를 믿는 믿음은 점점 더 배척
당하고, 그리스도께 순종함으로써 치르는 대가는 더
커질 수 있다. 하지만 다니엘서 7장에서 반복적으로
나타나는 주제는 하나님의 성도가 그분의 나라를 받
고 영원히 소유할 것이라는 점이다. 예수님이 다스
리시고, 예수님이 돌아오실 것이다.

다니엘이 7장에서 그리는 그림의 모든 부분을 우
리가 다 이해할 수는 없지만 한 걸음 뒤로 물러서서

보면 전체 그림이 보인다. 그것은 하나님이 승리하셨다는 것이다. 하나님이 승리하신다. 그래서 우리도 이 싸움에서 이길 것이다. 다니엘서 7장에서 펼쳐지는 드라마와 그 안에서 우리의 역할을 보면 우리가 사는 세상, 우리의 삶, 우리의 영원을 바라보는 시각이 영원히 달라진다.

인자는 즉위식 전에 신하들에게 이렇게 말씀하셨다. "세상에서는 너희가 환난을 당하나 담대하라 내가 세상을 이기었노라"(요 16:33).

'역풍을 거스를
용기를 주시는 분'과
함께 날다

배를 타고서만 해외여행을 할 수 있던 시절에 선교 사역을 하다 미국으로 귀국한 한 선교사 이야기를 형에게서 들은 적이 있다. 이 선교사가 탄 배에는 한 유명인도 타고 있었다. 배가 뉴욕 부두에 도착하자 깃발을 흔들며 이 유명인사를 환영하는 수많은 인파가 보였다. 모든 신문사에서 기자들이 나와 그 유명인의 모습을 사진에 담느라 북새통이었다.

선교사는 부두에 가득한 사람들의 얼굴들을 하나하나 훑어봤지만 자신을 맞으러 온 사람은 아무도 없었다. 그리스도를 위해 타지에서 오랫동안 외로이 선교를 하다 왔건만 그를 반겨 주는 사람은 한 명도 없었다.

그가 깊은 자기연민에 빠져드는데 갑자기 한 가지 진리가 떠올랐다. 너무 선명해서 마치 하늘에서 목소리가 들리는 것 같았다(어떤 의미에서 실제로 그러했다).

"낙심하지 말라. 너는 아직 집에 도착하지 않았다.
이곳은 너의 집이 아니다."

바로 이것이 다니엘이 우리에게 주는 메시지다.

"낙심하지 말라. 너는 아직 집에 도착하지 않았다."

다니엘서 어디에서도 자기연민이나 은둔, 타협의 흔적을 찾아볼 수 없다. 다니엘과 친구들은 거세게 밀침을 당했다. 그들은 말 그대로 풀무불과 사자 굴로 넘어뜨림을 당했다. 하지만 시편 118편 13-14절은 그들의 노래인 동시에 우리의 노래다.

너는 나를 밀쳐 넘어뜨리려 하였으나
여호와께서는 나를 도우셨도다 여호와는 나의
능력과 찬송이시요 또 나의 구원이 되셨도다.

우리는 적대적인 문화에 점점 더 세게 밀침을 당할 것이다. 도저히 설 수 없을 정도로 넘어뜨림을 당할 것이다. 하지만 주권자 하나님이 우리를 도우신다. 하나님이 우리가 넘지 말아야 할 선을 지키고, 그분께 순종하고, 그분을 증언하고, 연민하는 마음으로 행동할 힘을 우리에게 주실 것이다. 우리를 구원해 주신 하나님, 우리를 시험으로부터가 아니라 시험을 통해 구원해 주신 하나님, 무엇보다도 우리가 죽음 너머 고향을 고대할 수 있도록 심판에서 구원해 주신 하나님! 우리는 이 하나님을 계속해서 찬양할 수 있다.

세계 밀침과 넘어뜨림을 당하나 우리는 하나님께 도움을 받고 강해지고 구원을 받고 찬양한다. 믿음 안에서, 이것이 예루살렘에서 수만 리 떨어진 바벨론까지 끌려간 포로들의 이야기가 되었다. 지금도 믿음 안에서, 이것은 천국에서 멀리 떨어져 있지만 끊임없이 그곳을 향해 걸어가는 이 세상 포로들의 이야기다.

이 여행을 하는 동안 우리는 무슨 노래를 부를까?

이 여행을 하는 동안 우리는 무슨 노래를 부를까? 스코틀랜드 출신 에릭 리들이 중국으로 떠나면서 불렀던 노래야말로 제격이지 않을까? 그 노래에는 다니엘서 1-7장에 기록된 하나님에 관한 진리가 가득 담겨 있다. 에릭 리들은 스코틀랜드 럭비 국가대표로 뛰고 1924년 파리 올림픽 육상 400미터에서 금메달을 딴 인물이다. 그는 주종목인 100미터도 출전하기로 되어 있었는데, 하필 경기가 주일에 열렸다. 하지만 그의 양심은 주일에 경기를 하는 것은 허락하지 않았다. 그는 선을 긋고 나서 주변의 거센 압박에도 그 선을 넘기를 거부했다.

그래도 금메달리스트이자 럭비 국가대표로서 그는 여전히 영웅이었다. 그런데 그런 그가 선교사로 활동하기 위해 에딘버러에서 중국으로 떠나기로 결심을 한다. 그가 웨벌리역을 떠날 때 그를 보려고 인파가 몰려들었다. 그곳에서 많은 젊은이들은 전도유망한 이 선수가 모든 것을 뒤로 한 채 아이들에게 예수님을 가르치기 위해 중국으로 떠나는 모습을 호기심 어린 눈으로 쳐다보았다.

딱 한 번만 타협했다면 그는 올림픽 육상 2관왕의 자리에 오를 수 있었다. 스코틀랜드에서 부귀영화를 누릴 수 있었다. 그런데 그 편안하고 안락한 삶을 다 버리고 아는 사람 하나 없는 중국으로 건너가다니! 이 얼마나 이상하고 비상식적인 삶인가. 물론이 세상 나라들이 예수 그리스도의 나라에 자리를 내어줄 것이며, 이 세상은 우리의 집이 아니라는 사실을 믿으면 얘기가 달라진다.

리들은 이것을 믿었기에 그렇게 살았다. 그는 열차에 타서 창문을 내린 뒤에 군중을 조용히 시킨 다음 소리를 질렀다. "온 세상에 그리스도를 전하십시오! 세상은 그리스도가 필요합니다!" 이것이 그가 남긴 작별 인사였다. 그러고 나서 그는 다음과 같은 찬양을 불렀다.

햇빛을 받는 곳마다
주 예수 다스리시고
이 세상 끝날 때까지
그 나라 왕성하리라.

예수님이 다스리신다는 사실을 하나님의 은혜로 이해하면 에릭 리들처럼 살 수 있다. 심지어 세상이 이기고 있고 그리스도의 교회가 밀리는 것처럼 보일 때도 그렇게 살게 된다. 그렇다고 해서 모두가 꼭 중국으로 떠나야 한다는 뜻은 아니다. 하나님의 다스리심을 믿기 때문에 담대하고 확신 있게 살게 된다는 뜻이다. 우리의 결정을 이해하지도, 우리의 메시지를 환영하지도 않는 땅에서도 용감하게 예수님께 순종하고 그분을 선포하며 살게 된다.

'영광의 날들'을 돌아보고만 있지 말라. 오늘을 잘 살라. 은행가라면 하나님께 영광이 되는 은행가가 되라. 교사라면 하나님께 영광이 되는 가르침을 펼치라. 과학자라면 연구로 하나님께 영광을 돌리라. 판매원이라면 하나님께 영광이 되는 판매원이 되라. 어디에 있든 하나님이 영원한 뜻을 이루고 계신다는 확신으로 순종하라. 하나님이 다니엘과 그 포로들을 끌어들이신 이야기 속으로 당신을 끌어들이셨다는 확신으로 순종하라. 그 이야기는 이 세상 끝날 때까지 하나님이 그분의 나라를 이 땅으로 가져오고 계신 이야기다.

그렇게 사는 것은 쉽지 않을 것이다. 어쩌면 점점 더 어려워질 수도 있다. 하지만 우리는 그렇게 살수 있다. 우리에게는 밀침과 넘어뜨림을 당할 때 우리를 돕고 구원하고 그분을 찬양하게 하실 수 있는 하나님이 계시기 때문이다. 그래서 우리는 믿음으로 용감해질 수 있다. 아니, 용감해져야 한다.

몇 해 전 미국 대법원은 결혼의 정의를 바꾸기로 결정했다. 대법원은 오직 하나님께 속한 권위를 남용하고 있다. 이런 순간, 그리스도인들은 자신이 더 이상 집에 있지 않다는 사실을 절감한다. 당신이 어디에 살든 그런 순간이 더 많이 찾아올 것이다. 점점 더 심하게 조롱과 무시와 배척을 당할 것이다. 그날 저녁 나는 일기장에 이렇게 썼다. "미국에서 산 이래로 내 인생에서 가장 슬픈 날이다."

그리고 나서 이렇게 덧붙였다.

"하지만 하나님이 여전히 다스리신다는 것을 안다. 그래서 우리는 그 믿음으로 전진할 것이다."

나는 이것을 안다. 나는 다니엘이 알았던 하나님을 안다. 당신은 어떤가?

낙심하지 말라. 당신은 아직 집에 도착하지 않았다. 이곳은 집이 아니다. 그리고 여전히 예수님이 다스리신다.